CAMBIAR EL MUNDO

Àngel Pes y Àngel Castiñeira

CAMBIAR EL MUNDO

MADRID | CIUDAD DE MÉXICO | BUENOS AIRES | BOGOTÁ
LONDRES | NUEVA YORK
SHANGHÁI | NUEVA DELHI

Colección Acción Empresarial de LID Editorial
Musgo 3, 28023 Madrid, España
www.LIDeditorial.com

A member of:

© Àngel Pes y Àngel Castiñeira 2020
© Editorial Almuzara S.L. 2020 para LID Editorial, de esta edición.

EAN-ISBN13: 978-84-17880-43-9
Directora editorial: Laura Madrigal
Corrección: Cecilia González Godino
Maquetación: produccioneditorial.com
Diseño de portada: Juan Ramón Batista
Impresión: Cofás, S.A.
Depósito legal: CO-1407-2020

Impreso en España / *Printed in Spain*

Primera edición: enero de 2021

Te escuchamos. Escríbenos con tus sugerencias, dudas, errores que veas o lo que tú quieras. Te contestaremos, seguro: info@lidbusinessmedia.com

«Los hombres solo aceptan el cambio
resignados por la necesidad y
solo ven la necesidad durante las crisis».

Jean Monnet (*Memorias*)

ÍNDICE

AGRADECIMIENTOS

En gran parte, este libro responde a las mismas inquietudes que nos llevaron a la creación del Observatorio de los ODS de las empresas españolas y su contenido se ha alimentado de las actividades a él asociadas. Este Observatorio no existiría sin el impulso de la Fundación "la Caixa" y el compromiso de Esade. Queremos agradecer a ambas instituciones la confianza que nos han otorgado. En especial a Àngel Font, Pep Ollé, Sergi Loughney y Koldo Echebarría que desde el inicio creyeron en el proyecto y nos han apoyado para realizarlo.

Estamos en deuda también con los investigadores Ferran Curtó, Anna M. González, Eva Jané, Liliana Arroyo, Alba Rovira, Isa Nadal, Enrique Ortega y Marc Castellón, miembros colaboradores de la Cátedra LiderazgoS de Esade, cuyas contribuciones y aportes han inspirado muchas de las ideas contenidas en el libro y con los que hemos tenido la posibilidad de compartir en diversos foros nuestros puntos de vista y valoraciones sobre la consecución de los objetivos de la Agenda 2030. En muchos aspectos, todos ellos son un modelo ejemplar de cómo entender el diálogo académico y el trabajo en equipo.

Los casos empresariales estudiados y relatados en este libro han contado también con la inestimable ayuda de diversos responsables de CaixaBank, Iberdrola, Repsol, Leroy Merlin, BASF y Fundación "la Caixa". Vaya por delante nuestro agradecimiento a estas organizaciones. Gracias a su confianza, sus directivos han accedido a contestar nuestras preguntas y a relatar algunas de las destacadas iniciativas que comentamos en diversos capítulos del libro. Muchas gracias por su colaboración a Xavier Rivera Fernández, Head of Communications, Govern Affairs and Sustainability, y a Elena Aleu

Arias, Country Cluster Iberia & BASF Española S.L. - Managing Direction, de BASF; Esther Roure Aguado, directora de Comunicación Externa de CaixaBank; Sonia Hernández Barrado, gerente de Modelo y Planes de Sostenibilidad de Repsol; Bàrbara Palacios Navarrete, responsable de Planificación y producción de actividades externas y Jesús Nemesio Arroyo, director corporativo de Comunicación, de Fundación "la Caixa"; Rodrigo de Salas, director de Identidad Corporativa y Negocio Responsable y Susana Posada, responsable Comunicación Institucional y Negocio Responsable de Leroy Merlin; y a Mónica Oviedo, responsable Gestión Sostenibilidad de Iberdrola.

Finalmente, gracias también al equipo de LID Editorial, Marcelino Elosua, Laura Madrigal y Fátima Bigeriego, por su paciencia, sus consejos, su profesionalidad y por haber creído en este proyecto desde sus inicios. Sin ellos no habríamos llegado hasta aquí.

INTRODUCCIÓN

Una crisis profunda induce en las sociedades miedo al futuro, como nos recuerda la historia de la Gran Depresión de los años treinta del siglo XX. En un ambiente de temor se propagan con rapidez los mensajes que proponen el aislamiento y consideran las relaciones con otros países como un juego de suma cero, en el cual solo se puede ganar a costa de los demás. Así se crean las condiciones para que prosperen las políticas favorables al aislamiento, como el cierre de las fronteras a los emigrantes, limitar el comercio y confiar solo en la fuerza, para sostener unas relaciones internacionales basadas en la confrontación.

Sin embargo, esta no es la única opción. Si las sociedades superan el miedo y ven la crisis como oportunidad, es posible acometer las transformaciones necesarias para progresar, como la historia de la segunda mitad del siglo XX nos ha demostrado. Tras la catástrofe de la Segunda Guerra Mundial, y a pesar de la Guerra Fría, la creación de Naciones Unidas y de instituciones como el FMI, el Banco Mundial y el GATT dio lugar a un sistema multilateral de relaciones internacionales que facilitó tanto la descolonización como el desarrollo económico, este último sobre todo en los países regidos por sistemas democráticos.

En estos momentos, todas las sociedades afrontan retos mayúsculos, como son los cambios tecnológicos disruptivos, los desequilibrios demográficos o la desigualdad económica. Asimismo, se agudizan las tensiones políticas en cada país y la rivalidad geopolítica entre las grandes potencias; la ONU alerta de que se acelera el cambio climático y la destrucción de ecosistemas, y también debemos afrontar la COVID-19, una pandemia universal que, además de las muertes causadas, ha hundido la economía mundial en una crisis cuya intensidad superará la que tuvimos la década anterior.

En el mundo que está emergiendo, los riesgos globales y sistémicos, aquellos que afectan simultáneamente a una mayoría de países y a un sinfín de aspectos de la vida social, han demostrado ser especialmente relevantes, como demuestra meridianamente la pandemia actual. Todo ello nos indica que las transformaciones en curso, como el paso desde las tecnologías analógicas a las digitales y desde el orden político que ha regido desde mediados del siglo XX a uno nuevo en gestación, remueven los cimientos que sostenían nuestro modo de vida.

Es el momento de la Agenda 2030

Ha llegado el momento de elegir entre el miedo y la oportunidad, entre la resignación o la esperanza. Los retos citados pueden convertirse en la gran oportunidad para progresar en el siglo XXI si asumimos que la Agenda para el Desarrollo Sostenible, aprobada unánimemente por los 193 estados que componen la Asamblea General de Naciones Unidas en septiembre del año 2015, nos concierne a todos.

El propósito de este libro es argumentar que la Agenda 2030 ofrece a las sociedades actuales la oportunidad de progresar y que las empresas pueden ser, más que un socio colaborador, un agente líder del cambio. También hemos querido destacar el relevante papel que la Unión Europea podría desempeñar en la promoción de la Agenda.

Los objetivos de desarrollo sostenible (ODS), junto con los acuerdos de París del mismo año, 2015, componen la Agenda 2030. Son un ejemplo brillante de las posibilidades que ofrece el multilateralismo, la actuación conjunta de todos los estados en el marco de la ONU, la institución pública más inclusiva que poseemos. Una razón de peso para considerar la Agenda 2030 como la hoja de ruta para toda la humanidad es su carácter universal, aunque no sea la única.

Debemos destacar también la ambición de su contenido, resumido en el lema de la Agenda, «No dejar a nadie atrás», que sitúa el foco de los ODS en las personas, y la audaz innovación que supone para la ONU, una organización formada por estados, incluir al sector privado, en especial a las empresas, como protagonistas indispensables para lograrla. El documento aprobado por la ONU, «Transformar nuestro mundo: la Agenda 2030 para el Desarrollo Sostenible» (epígrafe 67), afirma: «La actividad empresarial, la inversión y la innovación privadas son los grandes motores de la productividad, el crecimiento económico inclusivo y la creación de empleo. Reconocemos la diversidad del sector privado, que incluye tanto a las microempresas como a las cooperativas y las multinacionales. Exhortamos a todas las empresas a que empleen su creatividad e innovación para resolver los problemas relacionados con el desarrollo sostenible».

Los ODS se sustentan en la convicción de que disponemos de la capacidad innovadora y de las instituciones necesarias para hacer posible el desarrollo sostenible. Entre estas, contar con una economía de mercado abierta y bien regulada no solo es compatible con una sociedad justa, sino que es una condición imprescindible para su existencia.

Se pueden transformar la economía y los mercados para que sean sostenibles, si disponemos de empresas capaces de asociar la rentabilidad económica con la generación de impactos sociales y ambientales positivos para las personas y el planeta. Contando con empresas con visión de futuro seremos capaces de construir una economía con futuro.

Contenido del libro

En el capítulo primero, explicamos que la COVID-19, por su afectación de carácter global y su capacidad disruptiva, debemos verla como un anticipo del mundo que nos espera, si no somos capaces de tomar las medidas necesarias para evitar, o al menos mitigar, los riesgos globales, entre ellos, las emergencias climáticas y sanitarias. En este sentido, nos parece que la respuesta a la pandemia ha servido para aumentar las sensibilidades y acelerar transformaciones que ya estaban en marcha. En los países que han controlado mejor la difusión del virus, dichas transformaciones son coherentes con los objetivos que propone la Agenda 2030.

Para comprender el alcance de los ODS, en los capítulos segundo, tercero y cuarto explicamos y desarrollamos su carácter de marco de referencia universal para el desarrollo humano en el siglo XXI. No estamos ante una agenda solo económica o solo aplicable a países en vías de desarrollo. Tan importante como la económica es la dimensión social y medioambiental, así como el hecho de interpelar al conjunto de países, de entidades y de actores que influyen en la evolución de las sociedades. Esta visión holística que contiene la Agenda 2030 la convierte en un nuevo paradigma para todos los actores políticos, económicos y sociales, aunque aquí pondremos el foco principalmente en el rol de las empresas.

Empresas y ODS

El hecho de que dirijamos el Observatorio de las Empresas Españolas y los ODS[1] nos ha impulsado a escribirlo. El Observatorio ha publicado hasta el momento tres informes, correspondientes a los años 2018, 2019 y 2020[2], y, en base a la experiencia y los conocimientos adquiridos en su elaboración, hemos redactado los capítulos quinto y sexto. Además, un grupo de empresas, algunas de ellas colaboradoras con el Observatorio, nos han aportado sus experiencias en la aplicación de los ODS en su estrategia, que hemos recogido en este libro como ejemplos concretos de lo que debe llegar a ser una práctica generalizada en el tejido empresarial.

De todo ello se desprenden dos conclusiones que nos parecen de especial relevancia para las empresas en general y para los líderes empresariales en particular. En primer lugar, asumir la Agenda 2030 exige redefinir el propósito y la estrategia de la empresa en términos mucho más comprometidos con la sociedad que los contemplados en la visión más convencional, de creación de valor de mercado para los accionistas. En segundo lugar, la plasmación de la Agenda 2030 en el día a día de la actividad empresarial se demuestra incorporándola al sistema de gobierno de la empresa —¿en qué nivel se tratan las cuestiones relacionadas con los ODS?—, fijando objetivos y midiendo los resultados obtenidos.

Dedicamos el penúltimo capítulo a exponer que la Agenda, como iniciativa multilateral que es, supone una gran oportunidad para la Unión Europea de articular el proyecto europeo en el siglo XXI y desempeñar un liderazgo destacado en la escena internacional, siempre que demuestre la voluntad política necesaria para desarrollarla.

Finalmente, en el último capítulo, nos referimos a las transformaciones necesarias para cumplir con la Agenda 2030 en la década que nos queda, cumpliendo así el plazo establecido en la resolución de la ONU que la promulgó. La magnitud de los retos exige el liderazgo decidido de todos los actores sociales implicados, desde los gobiernos de los distintos ámbitos —Unión Europea, estados, gobiernos regionales y municipales— hasta las empresas y las organizaciones de la sociedad civil.

1. LA COVID-19, EMISARIA DEL FUTURO

En diciembre de 2019 se reportaron los primeros casos de COVID-19 en la ciudad china de Wuhan. Dos meses y medio más tarde, el 11 de marzo de 2020, la enfermedad fue reconocida por la Organización Mundial de la Salud como una pandemia o «infección por un agente infeccioso, simultánea en diferentes países». El número de casos confirmados siguió creciendo con rapidez, y la tasa de mortalidad de los meses de marzo y abril de 2020 superó el 50 %, en comparación con años anteriores, en los países más afectados por la pandemia: Italia (55 %), Bélgica (66 %), Reino Unido (61 %) y España (60 %).

Asimismo, la COVID-19 impactó inmediatamente en la economía mundial con una intensidad inaudita. Durante los meses de febrero y marzo del año 2020, los mercados de valores sufrieron una de las caídas más rápidas de la historial: el desplome de la demanda de materias primas por el parón de la actividad produjo fuertes caídas de precios, en particular del petróleo; el cierre de las empresas disparó las cifras del paro, y la gravedad de la crisis obligó a gobiernos y bancos centrales a intervenir para evitar el colapso de la economía.

A mediados de abril de 2020, el Fondo Monetario Internacional, que había previsto un año con crecimiento económico generalizado, calificaba la situación creada por la COVID-19 como la mayor crisis desde la Segunda Guerra Mundial y el mayor desastre económico desde la Gran Depresión de los años treinta del siglo XX. Según sus nuevas previsiones, noventa de cada cien países sufrirán una reducción de los ingresos por persona en 2020, y el PIB mundial se reducirá un 4.2 %, una cifra muy superior al 1.6 % del año 2009.

Al carecer de medicamentos específicos contra la COVID-19, para protegerse hay que evitar el contagio, que se produce de persona a persona a través de las secreciones que se emiten al respirar, hablar, toser, etc. Reducir al mínimo la propagación del virus se consigue limitando al máximo la vida social, de ahí que confinar a la población en sus domicilios, asumiendo el elevado coste de esta solución, resulte la medida más eficaz.

En un abrir y cerrar de ojos, la pandemia pasó a determinar nuestras vidas en todos los ámbitos, tanto económicos como sociales: hemos sacrificado nuestra actividad cultural, educativa, las relaciones sociales, como cenas con los amigos, viajes, celebraciones familiares... En poco tiempo, la COVID-19 ha ocupado todo nuestro horizonte. De los noticiarios desaparecieron el conflicto permanente de Oriente Medio, el riesgo de una guerra entre EE. UU. e Irán, la «guerra» comercial entre EE. UU. y China, el problema de los refugiados, la emergencia climática, la amenaza terrorista, las desigualdades entre clases sociales... Los riesgos que polarizaban la atención de la opinión pública hasta aquel momento habían desaparecido de las noticias por arte de ensalmo. Aparentemente, aquellos problemas candentes pasaban a un segundo plano, mientras todo el mundo se concentraba en lidiar con la COVID-19.

1. ¿Qué comparten la COVID-19 y la emergencia climática?

Los grandes problemas que hemos citado —conflictos bélicos, migraciones masivas, terrorismo, disputas económicas...— nacen de conflictos entre humanos. La COVID-19 y la emergencia climática provienen «de fuera», del comportamiento de la naturaleza. A pesar de ello, es evidente la responsabilidad que tenemos los humanos en la generación de ambos problemas.

En relación con la emergencia climática, la evidencia científica demuestra la influencia de la actividad humana en el calentamiento del planeta, aunque ello no impide a los que la niegan persistir en su negativa. Estos, más los que ven en peligro sus intereses si se afronta el problema, o bien no lo consideran urgente, tienen fuerza suficiente para bloquear las medidas que reducirían las emisiones de gases de efecto invernadero hasta los niveles compatibles con un calentamiento no superior al 1.5 °C que propone la ONU.

Por su parte, la COVID-19 no permite diferir las medidas para controlar su expansión, porque la infección aumenta la mortalidad de forma inmediata. La rapidez fulminante con que se ha extendido el virus ha puesto de relieve la fragilidad de las sociedades que hemos construido. Vivimos en un mundo global sin las instituciones adecuadas para gestionar problemas globales. La pandemia ha puesto de manifiesto la insuficiencia de los sistemas sanitarios, por falta de inversiones para hacer realidad que todas las personas tengan acceso a una atención médica apropiada y por falta de coordinación global para controlar la difusión del virus.

Similitudes fundamentales entre las pandemias y el riesgo climático

No son, propiamente, un «cisne negro»	Los expertos habían advertido sistemáticamente de su posibilidad a lo largo de los años, pero aun así les habíamos otorgado una baja probabilidad de manifestación.
Son eventos disruptivos	Representan choques físicos, que luego se traducen en una variedad de impactos socioeconómicos.
Son sistémicos	Sus manifestaciones directas y sus efectos secundarios se propagan rápidamente a través de un mundo interconectado.
Son no estacionarios	Las probabilidades pasadas y las distribuciones de sucesos cambian rápidamente y demuestran ser inadecuadas o insuficientes para proyecciones futuras.
Pueden ser exponenciales	Su impacto socioeconómico crece de manera desproporcionada e incluso catastrófica una vez que se rompen ciertos umbrales (como la capacidad hospitalaria para tratar a los pacientes con pandemia).

Son multiplicadores de riesgo	Resaltan y exacerban las vulnerabilidades hasta ahora no comprobadas inherentes a los sistemas financieros y de salud y la economía real.
Son regresivos	Afectan desproporcionadamente a las poblaciones y subpoblaciones más vulnerables del mundo.
Provocan cambios fundamentales en la actividad humana	En los sistemas de atención médica, los activos físicos, los servicios de infraestructura, las cadenas de suministro, el funcionamiento de las ciudades…
Reflejan la «tragedia de los bienes comunes»	Las acciones individuales pueden ir en contra del bien colectivo y agotar un recurso común precioso. Requieren una coordinación y cooperación globales.

Fuente: Adaptación de https://www.mckinsey.com/business-functions/sustainability/our-insights/

Diferencias clave	
Pandemia	**Cambio climático**
Presenta **peligros inminentes,** discretos y directamente discernibles.	Presenta **peligros graduales,** acumulativos y a menudo distribuidos, que se manifiestan con el tiempo.
Exige acciones inmediatas para obtener **resultados inmediatos.**	Requiere una acción presente y progresiva para una **recompensa futura.**
El riesgo es **por contagio.**	Los riesgos son **por acumulación.**
	Puede contribuir a las pandemias.
	Es probable que los factores que mitigan los riesgos ambientales ayuden a mitigar el riesgo de pandemia.

Fuente: Adaptación de https://www.mckinsey.com/business-functions/sustainability/our-insights/

Tanto la COVID-19 como los riesgos asociados al cambio climático son sistémicos y disruptivos; por ello, deberíamos ver en la pandemia un emisario del futuro, que nos espera si no asumimos los desafíos globales a los que nos enfrentamos. Es necesario actuar desde ahora para evitar que se materialicen los riesgos que conllevan o, cuando menos, para ser capaces de controlar los daños que generarán.

2. Crisis y oportunidad

El informe de Naciones Unidas, *Responsabilidad compartida, solidaridad global: Respuesta a los impactos socioeconómicos de la COVID-19 (Shared Responsibility, Global Solidarity: Responding to the socio-economic impacts of COVID-19)*, evaluaba las implicaciones de la COVID-19 para la Agenda 2030, alertando de que la respuesta de los países y diversos actores podría ser justamente la contraria. En él se admitía el peligro de que la crisis de la COVID-19 tuviera un profundo efecto negativo en los esfuerzos en pos del desarrollo sostenible. Una prolongada desaceleración económica mundial podría impactar adversamente en la implementación de los objetivos y metas de la Agenda 2030 para el desarrollo sostenible y el Acuerdo de París sobre cambio climático. En un mundo condicionado por una pandemia, el cambio climático podría parecer una amenaza más distante, y el brote de coronavirus podría retrasar la mayoría de las grandes iniciativas para mitigar el cambio climático, así como los anuncios de nuevas políticas sociales que se esperaban para ese año.

La figura de la siguiente página ilustra algunos de los efectos negativos, de primer y segundo orden que se esperan de la pandemia en la implementación de los ODS.

Ver informe:
Responsabilidad compartida, solidaridad global: Respuesta a los impactos socioeconómicos de la COVID-19 (EN)

Efectos de la COVID-19 en los ODS

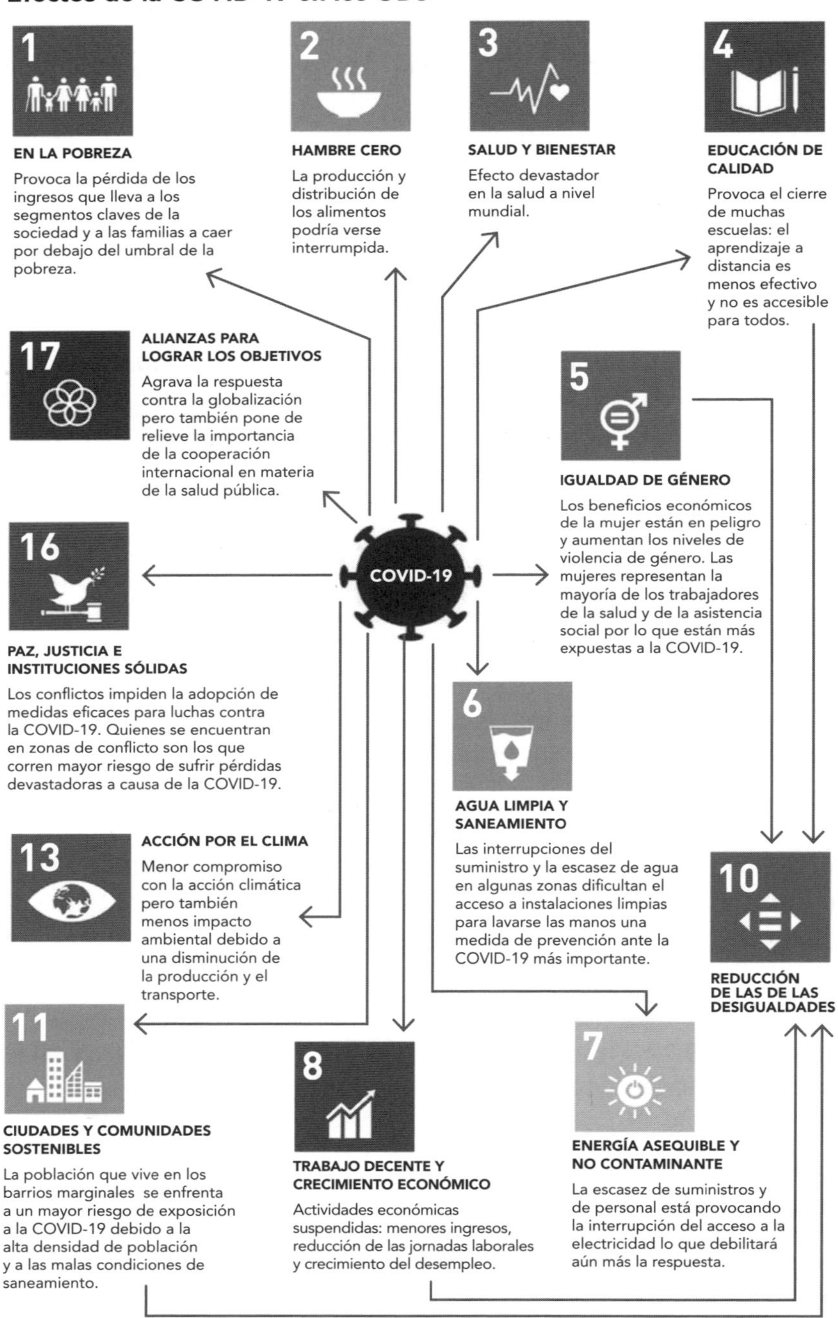

Fuente: UNDESA

Sin embargo, en los momentos de crisis, tomamos en pocos días decisiones que en circunstancias normales habrían precisado años. Por ejemplo, para hacer compatible el confinamiento con la actividad laboral, el trabajo desde los domicilios, conectados a internet, ha recibido un impulso formidable. Durante los meses de marzo y abril de 2020, muchas empresas avanzaron en organizar su actividad mediante el teletrabajo más de lo que habían hecho nunca. Los planes que habían previsto ejecutar en años se implementaron en semanas. Los ejemplos de las empresas citadas más adelante son elocuentes en este sentido.

Análogamente, las sociedades determinan su futuro con las soluciones que adoptan en momentos críticos, y la historia nos enseña que es posible progresar a partir de una situación de crisis. Amartya Sen, Premio Nobel de Economía en 1998, describía el ejemplo de Gran Bretaña en los duros años de la guerra contra Hitler en el FT de 15/Abril/2020:

«Durante la Segunda Guerra Mundial, ante la gran reducción de los alimentos disponibles, Gran Bretaña organizó su distribución de forma más equitativa, a través del racionamiento y el apoyo social. Los desnutridos crónicos estuvieron mejor alimentados que nunca. Lo mismo sucedió con la atención médica, al distribuirla mejor. Los resultados obtenidos fueron asombrosos. Durante la década de guerra de los años 1940, la esperanza de vida al nacer aumentó 6.5 años para los hombres en Inglaterra y Gales, en comparación con 1.2 años en la década precedente, y para las mujeres aumentó 7 años, superando con creces el aumento de 1.5 años de la década anterior.... Tened en cuenta la equidad en la gestión de la crisis (de la COVID-19) reduciría el sufrimiento en muchos países ahora y haría surgir nuevas ideas que podrán inspirarnos para construir un mundo menos desigual en el futuro».

Podemos convertir la crisis generada por la COVID-19 en una oportunidad para progresar si invertimos en los recursos necesarios para proteger de sus consecuencias a las personas y al tejido empresarial. Además, el virus se ha adaptado mejor que muchos humanos al carácter global del mundo en que vivimos. Ningún país puede protegerse de la pandemia aislándose, sino todo lo contrario: hay que vencer

Efectos de oportunidad de la COVID-19 en los ODS

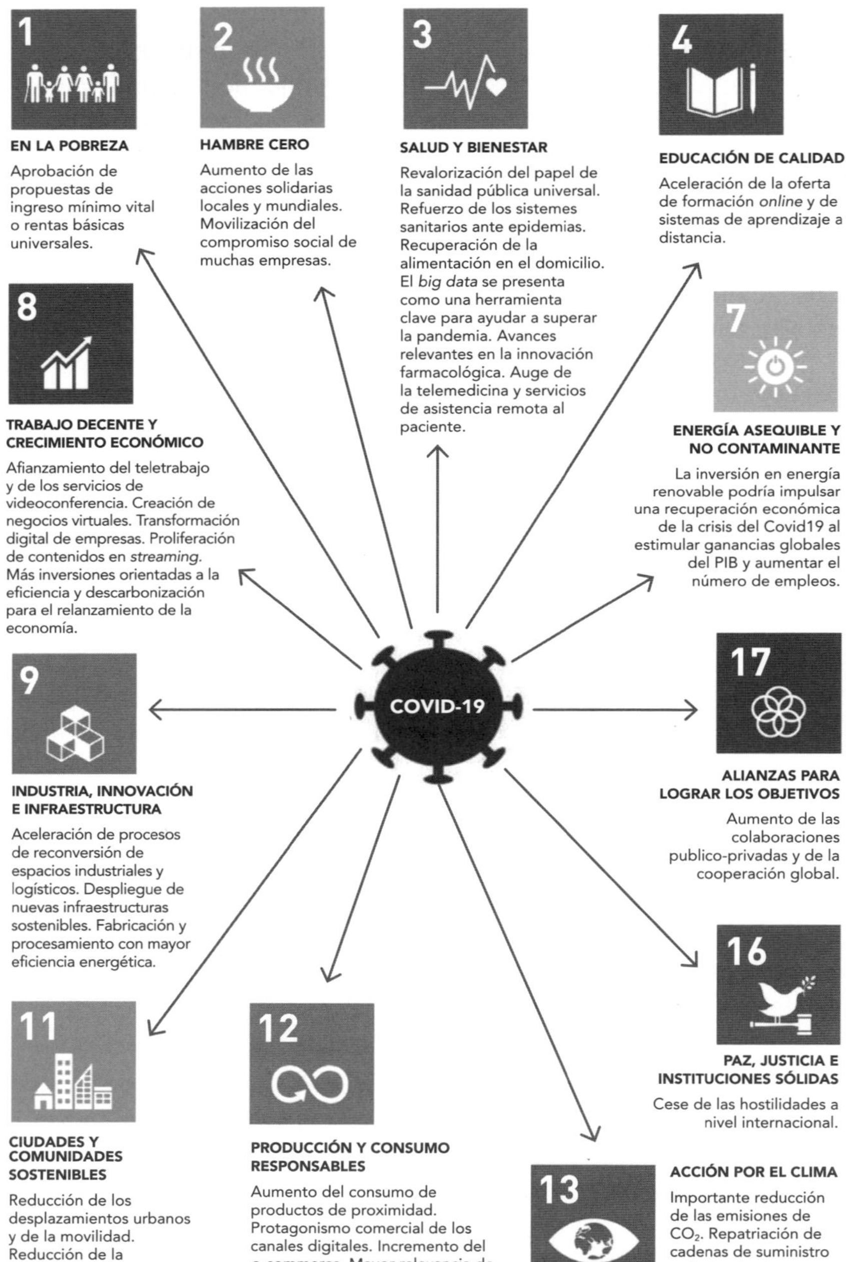

Fuente: elaboración propia

al COVID-19 globalmente y, para ello, debemos ayudar a millones de personas que viven en países que necesitan apoyo para superar la epidemia. El mundo post-COVID puede activar una unidad de propósito que dé respuesta a nuestros problemas comunes, y puede descubrir ventanas de oportunidad que emergen de la propia crisis.

3. La COVID-19 como acelerador de la Agenda 2030

La tragedia humana causada por la COVID-19 y la crisis económica que ha generado no debería impedirnos extraer lecciones positivas de la experiencia vivida. Tiene más sentido enfocarnos en construir el futuro tras la COVID-19 sobre bases sostenibles que esforzarnos en recuperar el modo de vida que nos ha conducido a crisis sucesivas, cada vez más graves, tanto para la economía como para el planeta y, ahora, para la salud.

Esta crisis es un aldabonazo que nos recuerda la naturaleza interconectada de los desafíos comunes y globales a que nos enfrentamos. Los riesgos ecológicos y de salud están vinculados, y nuestros sistemas económicos y sociales son vulnerables a estos riesgos. La respuesta a la pandemia no puede disociarse de la Agenda 2030, pues su éxito nos pondría en el camino adecuado para abordar riesgos sanitarios y enfermedades infecciosas emergentes. Por la misma razón, algunas decisiones forzadas por la urgencia de frenar la pandemia enlazan con el futuro que promueve la Agenda 2030. Debemos explorar sus posibilidades, porque pueden ser útiles incluso o, sobre todo, cuando la COVID-19 no sea más que el recuerdo de una pesadilla.

Para contener la plaga, las medidas adoptadas en relación con el trabajo, la movilidad, la sanidad y el uso de los medios digitales para la prestación de servicios (ventas al por menor, educación, servicios sanitarios...) merecen especial atención.

Tanto la forma de trabajar como los desplazamientos desde el hogar a la oficina y viceversa han cambiado radicalmente. El teletrabajo y la drástica reducción de los viajes han tenido un fuerte y positivo impacto en la reducción de las emisiones. Las ciudades gozaron durante unas semanas de un aire mucho más limpio. Asimismo, las compras *online* se han convertido en el modo habitual de consumir para millones de personas, que han impulsado de forma espectacular el crecimiento del *e-commerce* durante el confinamiento. Si estas transformaciones son duraderas serán un ejemplo de construcción sobre nuevas bases, más que de reconstrucción. La gestión de la crisis sanitaria ha permitido acelerar cambios a los que se oponían diversos intereses creados. Quizá el proceso que hemos puesto en marcha sea el comienzo de una transformación importante. El tiempo nos lo dirá.

4. Impacto de la COVID-19 en la ocupación

La destrucción de puestos de trabajo provocada por la pandemia en el segundo trimestre del año 2020 no tiene precedentes en la historia. Según los cálculos de la Organización Internacional del Trabajo (OIT), las horas de trabajo perdidas equivalieron a 195 millones de puestos de trabajo a jornada completa. Un informe de McKinsey del mes de abril de 2020 estimaba que un tercio de la población ocupada en Europa y Estados Unidos se exponía a sufrir reducciones de jornada, pérdida del trabajo o reducciones de ingresos como consecuencia de la pandemia.

La pérdida de puestos de trabajo se concentra en los servicios. Hostelería, restauración, turismo y comercio minorista representan alrededor del 40 % de los trabajos en riesgo. Las ocupaciones centradas en ventas y atención al cliente deberán adaptarse a las nuevas normas de distanciamiento social, lo que implica transformar la forma de realizar estos trabajos.

Sin duda alguna, las instituciones públicas acertaron al abocar dinero a espuertas para evitar la quiebra de miles de empresas, sobre todo pequeñas y medianas, que son las principales creadoras de empleo. Sin embargo, aunque el apoyo financiero a corto plazo ha sido un buen recurso para frenar la hemorragia, no basta para reconstruir sobre nuevas bases la actividad de las empresas.

Es preciso asumir que restablecer la actividad económica sobre bases sostenibles, en la línea que los ODS marcan, implica fijar un horizonte a medio plazo; situar la meta en el año 2030, la fecha señalada por la ONU, es un horizonte adecuado para realizar las transformaciones que debemos acometer. Igual que en las reconstrucciones de edificios históricos hay que renovar todo el edificio preservando solo los elementos que forman parte del patrimonio artístico o cultural, también nuestro modelo económico necesita renovarse completamente, preservando del actual solo los elementos útiles para el futuro.

Qué debemos preservar

Durante el confinamiento, el momento de aplaudir a los profesionales de la medicina ha contado con la adhesión de todos los ciudadanos. Además de gratitud, este gesto expresaba con mayor elocuencia que el mejor de los discursos la prioridad que se otorga a un servicio público tan fundamental.

La salud y la educación universales forman parte del núcleo de la Agenda 2030, no solo por su importancia intrínseca, sino también por su influencia decisiva en hacer realidad el lema de los ODS: «no dejar a nadie atrás».

La educación es un activo fundamental para los trabajadores, tal como se desprende del informe de McKinsey, *How to rebuild and reimagine jobs amid the coronavirus crisis*: «En Europa, nuestro análisis encuentra que la educación tiene un impacto significativo en el nivel de riesgo laboral a corto plazo. Cuatro quintos del total de empleos en riesgo en Europa son puestos que no requieren educación superior, mientras que los empleados sin un título de tercer nivel tienen el doble de probabilidades de perder su trabajo que los empleados con educación universitaria».

Existe una relación estrecha entre la formación de una persona y sus oportunidades en el mercado laboral. No es un fenómeno surgido a raíz de la crisis sanitaria, aunque en estos momentos se agudice la dependencia entre las oportunidades y la educación. La emergencia actual ha puesto de relieve la exigencia de actualizar o mejorar las capacidades de las personas. Deben contar con las habilidades necesarias para las profesiones con tendencia al alza, como los servicios de salud. De forma más general, la oferta formativa también deberá centrarse en la alfabetización digital y en las habilidades sociales y emocionales, ámbitos en que los trabajadores necesitan la preparación adecuada, si desean mantenerse al día en una economía digital.

5. El trabajo en una economía digital

No cabe duda del enorme impacto que la transformación digital tendrá sobre el empleo. Por una parte, la automatización, el uso de la inteligencia artificial y la robótica generarán importantes beneficios para usuarios, empresas y economías, elevando la productividad y el crecimiento económico. Pero todo ello vendrá acompañado de una profunda transformación del empleo.

Circulan profusamente dos ideas sobre el trabajo en la economía digital: 1) que la tecnología reducirá los puestos de trabajo ofrecidos por las empresas y 2) que la calidad del trabajo disponible tiende a empeorar. Sin embargo, pese a su popularidad, estos mitos no se corresponden con los hechos.

Según recoge el estudio *Perspectivas de empleo de la OCDE 2019: El futuro del trabajo (OECD Employment Outlook 2019: The Future of Work[1])*, «La tasa de empleo ha aumentado en la mayoría de los países de la OCDE, impulsada por un aumento sustancial de la proporción de mujeres en el trabajo. La tasa de empleo de hombres y mujeres de mayor edad también ha aumentado, lo que refleja en parte un aumento en la edad efectiva de jubilación. La calidad de los trabajos también ha mejorado en algunos aspectos. La proporción de empleos altamente calificados ha crecido un 25 % en los países de la OCDE, en las últimas dos décadas... Si bien es imposible saber exactamente qué deparará el futuro, el análisis de la OCDE sugiere que una contracción sustancial del empleo como resultado de la digitalización y la globalización es poco probable. Las fuerzas en juego no solo destruyen empleos, sino que también los crean y transforman. Históricamente, los efectos netos de las grandes revoluciones tecnológicas en el empleo han sido positivos, y hay pocos signos de que esta tendencia cambie radicalmente en los próximos años».

¿Cómo se explica la disparidad entre la percepción de gran parte de los ciudadanos y las tesis que defiende el estudio citado? La respuesta es que los mercados de trabajo son locales. A pesar de la globalización, cada país tiene su mercado de trabajo, que funciona de acuerdo con la regulación de ámbito nacional. De hecho, en el mismo informe de la OCDE citado se señala que «no hay garantía de alcanzar un mundo laboral mejor; en gran medida dependerá de que contemos con las políticas e instituciones adecuadas... Las disparidades en el mercado laboral están aumentando en muchos países, de forma especialmente destacada para muchos jóvenes y, en muchos países, para los trabajadores menos cualificados».

La transformación que inevitablemente sufrirá el trabajo en una economía digital debe producirse siguiendo el principio de «transición justa». Así lo expresa la OIT en la Declaración del Centenario: «La OIT debe orientar sus esfuerzos a asegurar una transición justa a un futuro del trabajo que contribuya al desarrollo sostenible en sus dimensiones económica, social y ambiental».

Desde que tomó cuerpo la Revolución Industrial, el trabajo ha sido un eje central para dotar de sentido a la vida de millones de personas, pues, además de facilitar el acceso a recursos monetarios para vivir una vida digna, el trabajo vertebra las sociedades modernas. Todo ello se pone en cuestión a raíz de las transformaciones inducidas por la 4RI y, como ha ocurrido siempre que las sociedades han debido adaptarse a cambios disruptivos, encontraremos la forma de asumirlos a través de la innovación, mediante nuevas propuestas, como ensayar la renta básica de ciudadanía, revisar la duración de la jornada laboral, etc. Para desarrollar las soluciones más efectivas, necesitamos fundamentar las decisiones en criterios científicos (*science based targets*), evitando las tres 'I' —ideología, ignorancia e inercia—, como nos advierten Esther Duflo y Abhijit V. Banerjee, ganadores del Nobel de Economía del año 2019.

Teniendo en cuenta el carácter local de los mercados de trabajo, las personas que pierden sus empleos necesitan ayuda para estar en condiciones de acceder a nuevos trabajos a través de servicios de empleo efectivos. Contar con ingresos de apoyo vinculados a la búsqueda activa de empleo será fundamental para reducir los costos individuales y sociales de estos procesos de ajuste. También es preciso contar con medidas de prevención e intervención temprana. A nivel nacional, regional o local, se pueden desarrollar sistemas para conocer con detalle dónde están en riesgo los trabajos y dónde hay demanda adicional de mano de obra por sector, ocupación y edad.

6. Reacciones ante la COVID-19: seis ejemplos

Hemos preguntado a cinco empresas comprometidas con la Agenda 2030 y a la Fundación "la Caixa" cómo han reaccionado ante la COVID-19, a fin de conocer en qué medida la pandemia ha modificado su compromiso con los objetivos de desarrollo sostenible. Estas son sus respuestas ante el primer brote de contagios y la declaración del estado de alarma.

Cuestionario:

1. **¿Cómo ha respondido la empresa ante el impacto de la COVID-19 en la organización interna (empleados y cadena de valor)?**

2. **¿Cómo está respondiendo la empresa ante el impacto de la COVID-19 hacia fuera (comunidad local, sociedad, clientes, colaboración con el sector público...)?**

3. **¿Cómo ha afectado la COVID-19 a su contribución a la Agenda 2030? ¿Han cambiado las prioridades o las actuaciones?**

CaixaBank

1. Como proveedor de servicios esenciales, CaixaBank se ha mantenido plenamente operativo a lo largo de toda la crisis generada por la COVID-19. Durante el primer estado de alarma decretado en marzo de 2020, mantuvo abiertas cerca del 90 % de sus oficinas, con un pequeño porcentaje cerrado por razones operativas o de prevención para la expansión de la epidemia.

La entidad también ha mantenido plenamente operativo, y con niveles récord de actividad, el servicio de banca *online* Caixa-BankNow, que permite realizar la práctica totalidad de las operaciones, así como su red de cajeros, la mayor de España, con más de 9000 terminales.

Durante el estado de alarma, se implantó el teletrabajo para todos aquellos empleados pertenecientes a colectivos vulnerables (por ejemplo, mayores de sesenta años o personas con determinadas afecciones), así como para todos aquellos cuyo trabajo podía desarrollarse de forma remota desde sus domicilios, como empleados de los servicios corporativos y de las direcciones territoriales. Asimismo, durante las semanas de confinamiento, se establecieron medidas especiales de flexibilidad y conciliación familiar para la organización de la atención a los clientes en las oficinas de forma compatible con el cierre de colegios y demás circunstancias derivadas de la situación.

2. Desde el inicio del estado de alarma, CaixaBank ha concedido 32 500 millones de euros al sector empresarial, al margen de las líneas ICO, y ha gestionado más de 164 000 solicitudes de préstamos vinculados a las líneas ICO COVID-19, por un importe total de 13 726 millones de euros. La entidad ha registrado un incremento de su cartera de crédito a empresas de un 15.9 % en los primeros seis meses del año 2020 y ha emitido un bono social COVID-19 de 1000 millones de euros para financiar a pymes y microempresas de las zonas más desfavorecidas de España.

   Por otro lado, para colaborar con la situación de las familias durante el estado de alarma, CaixaBank ha condonado los alquileres de las viviendas de su propiedad a 4600 familias y ha dado respuesta a aquellas más afectadas por la crisis sanitaria, ampliando la duración de las moratorias legales en el pago de hipotecas, préstamos y créditos personales, y extendiendo dichas medidas más allá de los colectivos vulnerables establecidos en la moratoria legal. Hasta el 30 de junio de 2020, la entidad aprobó un total de 357 488 solicitudes de moratoria hipotecaria y préstamos personales.

3. La COVID-19 no ha supuesto un cambio en lo estratégico, pero sí
   la puesta en marcha de múltiples líneas de trabajo en los diferentes
   ámbitos de negocio y de relación con los diversos *stakeholders*. No
   se trata solamente de ayudar a paliar las consecuencias de la pandemia, con atención especial a los clientes y colectivos en situación
   más vulnerable, sino también de contribuir al escenario de recuperación. En este sentido, el objetivo consiste en ser capaces de ayudar a consolidar las oportunidades económicas y de generación de
   ocupación que se pueden generar bajo nuevas ópticas relacionadas
   con el medioambiente y la inclusión social.

Iberdrola

1. Durante la primera declaración del estado de alarma, Iberdrola
   implantó el teletrabajo para los empleados de los centros corporativos —más del 80 %— y reorganizó el trabajo del personal
   de exterior, garantizando, ante todo, la seguridad de todos los
   empleados sin afectar a la calidad y disposición del suministro
   eléctrico, implementando más de un centenar de medidas a nivel
   global, reforzando el servicio y estableciendo canales de atención
   prioritaria para hospitales, centros sanitarios y otras infraestructuras esenciales.

   La compañía también adelantó pedidos a miles de proveedores
   por más de 3800 millones de euros y ya en el primer trimestre
   del año logró colocar una gran emisión de deuda en forma de
   bonos verdes (la primera durante el estado de alarma) por valor
   de 750 millones de euros.

2. Iberdrola, junto a cuatro grandes distribuidoras eléctricas que
   pertenecen a AELEC, la gran patronal eléctrica, pactaron para
   dar la opción a los consumidores de reducir la potencia eléctrica
   contratada durante el estado de alarma.

   Además, cabe destacar la donación de 25 millones de euros y material sanitario en coordinación con las autoridades españolas,
   aprovechando así las capacidades logísticas de la compañía.

3. Iberdrola impulsó Alianza del Día Después, junto con REDS, itdUPM e ISGlobal, para promover y acelerar el cumplimiento de la Agenda 2030 implicando a todos los sectores y a la ciudadanía en general, sin dejar a nadie atrás.

La compañía también participó en la creación de una gran alianza europea de alto nivel para defender una salida verde a la crisis, pidiendo que la UE supere esta recesión al mismo tiempo que avanza en el cumplimiento del ODS 13: acción contra el cambio climático.

Repsol

1. La compañía respondió con anticipación constituyendo un comité específico de la COVID-19 a principios de 2020. Repsol activó un plan para asegurar el funcionamiento de las operaciones y minimizar las posibilidades de contagio y propagación de la enfermedad, se reforzaron las medidas higiénicas en espacios comunes de trabajo y se redujeron las concentraciones de personas en la ejecución de trabajos.

Desde un primer momento se implantó el teletrabajo masivo. Aquellos empleados cuya presencia en el centro no era imprescindible para mantener la seguridad y la continuidad de las operaciones trabajaron desde sus domicilios. Todas las medidas de higiene, teletrabajo y porcentaje de ocupación de los espacios físicos se han ido adaptando a las diferentes situaciones de la pandemia en cada país.

2. Garantizar el servicio a sus clientes de una forma segura ha sido otra de las prioridades. Durante el estado de emergencia, la inmensa mayoría de las 3400 estaciones de servicio de Repsol en España permanecieron abiertas. Se mantuvieron en modo autoservicio, para que, además de combustibles, los clientes se abasteciesen de productos básicos para su cesta de la compra. Además, en sus estaciones de servicio de España, Portugal y Perú se ofreció café gratuito a los servicios de emergencias y fuerzas de seguridad que siguieron trabajando durante el estado de emergencia.

En todos los países donde opera, Repsol ha hecho donación de equipos de protección individual, gel hidroalcohólico y otros productos clave. Ha colaborado con más de 190 entidades relacionadas con la sanidad y colectivos vulnerables. Algunos ejemplos son las 400 000 mascarillas y trajes de protección individual donados a las autoridades sanitarias españolas, la colaboración con el Instituto Mexicano de Seguridad Social o las donaciones a hospitales en Libia, Colombia o Vietnam.

3. Uno de los principales propósitos de Repsol ha sido evitar el contagio con las comunidades locales e indígenas, evitando el contacto entre empleados y contratistas con comunidades indígenas y realizando un control preventivo sanitario, entre otras medidas. Además, ha promovido iniciativas solidarias para facilitar la lucha contra la pandemia y paliar sus efectos negativos en todos los países en los que opera.

A pesar de las dificultades del momento, la compañía ha reafirmado su compromiso para continuar liderando la transición energética, en línea con el Acuerdo de París y los objetivos de desarrollo sostenible de Naciones Unidas.

Leroy Merlin

1. Toda la compañía se volcó desde el inicio en el desarrollo del teletrabajo y medidas para mantener el contacto y confianza de los colaboradores. Las políticas de RR. HH. se orientaron y optimizaron hacia actividades en remoto para que los colaboradores pudieran seguir conectados con Leroy Merlin y el servicio al ciudadano. Además, con el fin de garantizar la liquidez de sus empleados, la compañía ha complementado el salario de su plantilla en ERTE invirtiendo más de 8 millones de euros.

2. Leroy Merlin también ha colaborado en la lucha contra la COVID-19 apoyando la acción sanitaria con productos para su protección a través de dos ejes principales.

Primero, mediante la donación de más de 6200 bobinas de filamento PLA para la elaboración de 125 000 pantallas de protección antisalpicaduras que han sido destinadas a la iniciativa ciudadana Coronavirus Makers para llegar a diversos hospitales y residencias repartidos por toda la geografía española. Además, la compañía ha colaborado con diversas universidades, como la Universidad Politécnica de Valencia o la Universidad Carlos III de Madrid, entidades sociales como Fundación ONCE y la ONG Policías sin Fronteras y hospitales, como el Hospital Regional de Málaga o el Hospital Materno Insular de Gran Canaria.

Segundo, mediante la donación de más de 440 000 productos para la protección de profesionales (sanitarios, fuerzas de seguridad, bomberos...) y el cuidado de pacientes a más de 110 entidades y 24 hospitales a nivel nacional. Así, se han entregado EPI sanitarios, como guantes, gafas de protección y monos desechables, y artículos de primera necesidad, como geles, mantas y sábanas.

3. Su contribución más significativa a los ODS se localiza en el área de producción y consumo responsable (ODS 12), seguida de trabajo decente y crecimiento económico (ODS 8), la energía asequible y no contaminante (ODS 7), la acción por el clima (ODS 13), la vida de ecosistemas terrestres (ODS 15) y las alianzas para lograr los objetivos (ODS 17).

Los últimos meses han obligado a cambiar en parte las prioridades. En este sentido, Leroy Merlin ha querido contribuir desde el primer momento, apoyando a las instituciones sanitarias y los colectivos vulnerables y manteniendo la estabilidad de sus colaboradores y proveedores.

BASF

1. La prioridad durante la pandemia ha sido proteger a sus colaboradores (empleados), tanto dentro como fuera del espacio profesional. Se han aplicado medidas de teletrabajo (más intensas que las que ya tenían habitualmente), se ha puesto un servicio de atención psicológica a los colaboradores y se ha intentado tener mucha información por parte de su servicio médico. Además, se

transformó la producción en las fábricas para producir productos que ayudaran en la lucha contra la COVID-19, como ha sido el caso de hidrogeles para manos o desinfectantes para superficies. Todos estos productos (más de 65 toneladas de hidrogel, por ejemplo) fueron donados a la sociedad.

2. Además de la transformación en la producción y su posterior donación, la compañía ha participado en campañas de donación a los sectores sociales. Por ejemplo, sus colaboradores recaudaron 10 000 euros, que fueron duplicados por la empresa y entregados a entidades como Caritas, Cruz Roja o comedores sociales locales. También se hizo una donación mancomunada con el sector químico de Tarragona para la compra de equipos médicos en los hospitales de Tarragona y se produjeron gafas nasales para los respiradores de Parc Taulí, gracias a su filial de 3D Printing. También se reorientó el patrocinio anual a las fiestas de Tarragona (25 000 euros) y se donó esa cantidad a comedores sociales del territorio.

3. El compromiso de BASF con la agenda persiste y la pandemia ha puesto aún más de relieve la importancia de no cesar en los objetivos de desarrollo sostenible que la Agenda 2030 marca.

Aunque operan en sectores muy diferentes, las cinco empresas tienen en común su compromiso con la Agenda 2030. A la vista de sus respuestas al cuestionario, destaca su coincidencia en tres cuestiones: en primer lugar, han dado prioridad a mantenerse totalmente operativas, asegurando la prestación de sus servicios y con ello una cierta «normalidad» en las circunstancias excepcionales del confinamiento.

En segundo lugar, coinciden en el recurso al teletrabajo como medio para conseguir el punto anterior y garantizar la seguridad de los empleados. Algunas señalan que ya venían utilizándolo, pero las cinco empresas han incrementado el teletrabajo de forma sustancial.

Finalmente, todas han asumido que su compromiso con la Agenda 2030 debía traducirse en acciones que mitigaran en lo posible el impacto negativo de la pandemia, mediante alianzas y acuerdos con otras entidades, públicas o privadas.

Mención aparte merece la Fundación "la Caixa". No se trata de una empresa, por lo que debe evaluarse a partir de parámetros distintos de los que hemos utilizado hasta ahora. De hecho, la mayoría de los programas que financia la Fundación, con un presupuesto anual superior a los 500 millones de euros, contribuyen a los ODS. Muy probablemente, esto la convierte en la institución privada líder en España por su contribución a la Agenda 2030.

Fundación "la Caixa": su contribución ante la crisis del coronavirus

1. Desde el inicio de la pandemia, la Fundación "la Caixa" ha priorizado la salud y el bienestar de sus empleados y colaboradores. Como consecuencia, el teletrabajo ha sido una de las principales medidas implementadas. La entidad también puso a disposición de los empleados una formación sobre el coronavirus, las actuaciones llevadas a cabo, las medidas preventivas y el funcionamiento del trabajo en remoto, además de un servicio de atención psicológica para quienes lo necesitaran.

2. Iniciativas impulsadas ante la crisis de la COVID-19: la Fundación está intensificando sus esfuerzos para contribuir a paliar los efectos de la crisis ocasionada por la pandemia. Esto se concreta en el refuerzo de sus líneas de actuación estratégicas, especialmente de aquellas focalizadas en los colectivos más vulnerables, como la infancia en riesgo de exclusión, las personas mayores o los pacientes con enfermedades avanzadas. También se han impulsado acciones para dar respuesta a necesidades puntuales fruto de la crisis sanitaria como es el caso del servicio de atención psicológica para el personal sanitario y de la campaña de emergencia en favor de los bancos de alimentos.

Pobreza infantil

Concretamente, la acción de programas como CaixaProinfancia, dirigido a la lucha contra la pobreza infantil en hogares con niños y jóvenes en situación de vulnerabilidad, se ha ampliado con una partida extraordinaria de 3 millones de euros para asegurar la alimentación de las familias más vulnerables beneficiarias del programa. Estos 3 millones de euros permitirán a estas familias disponer de una ayuda de 300 euros, con el objetivo de tratar de paliar los efectos de la pandemia en aquellos que disponen de menos recursos. Estas ayudas se distribuyen en toda España a través de la red de entidades sociales que colaboran en el desarrollo de CaixaProinfancia.

Adicionalmente, y bajo el lema «Ningún hogar sin alimentos», la Fundación "la Caixa", con el apoyo operativo de CaixaBank, ha impulsado una campaña solidaria en favor de los bancos de alimentos, de cuya ayuda dependen diariamente 300 000 familias en España. La recaudación asciende a más de 3.3 millones de euros, incluyendo una aportación adicional de 1 millón de euros por parte de la Fundación (#NingúnHogarSinAlimentos).

Empleo

Facilitar un puesto de trabajo, especialmente para aquellos que más lo necesitan, es otra de las prioridades de la Fundación "la Caixa". Prueba de ello es la creación, durante el estado de alarma, de más de 1600 empleos para personas en situación de exclusión en servicios esenciales a través del programa de inserción sociolaboral Incorpora. Esto fue posible gracias a una red de 406 entidades sociales, que consiguieron estas inserciones laborales a través de 948 empresas socialmente responsables.

A lo largo de 2020, Incorpora ha facilitado más de 30 000 puestos de trabajo a personas en situación de vulnerabilidad.

Humanización de la salud

En el ámbito de los cuidados paliativos, la Fundación "la Caixa" ha movilizado a los 230 profesionales del Programa para la Atención Integral a Personas con Enfermedades Avanzadas con el objetivo de apoyar a las unidades dedicadas a los afectados por el coronavirus, así como a sus familiares, prestando soporte también en las difíciles situaciones de duelo.

Enmarcado en la Estrategia de Cuidados Paliativos del Sistema Nacional de Salud, este proyecto se desarrolla en coordinación con 129 hospitales de toda España y 133 unidades de apoyo domiciliario.

La Fundación tiene muy presente al personal sanitario que se encuentra en primera línea de atención de los afectados por la COVID-19. Por ello, puso en marcha, junto con la Fundación Galatea y el Ministerio de Sanidad, un servicio telefónico de atención psicológica dirigido a paliar las potenciales situaciones de inestabilidad emocional de dicho colectivo. Esta iniciativa contó con un presupuesto de 1 millón de euros.

Cuidado de las personas mayores

Las personas mayores siempre han sido un colectivo de atención prioritario para la Fundación, que nació como Caja de Pensiones para la Vejez y de Ahorros. Así, en alianza con Cruz Roja y con el objetivo de ayudar a las personas mayores de Cataluña en situación de soledad durante el confinamiento, la Fundación puso en marcha el Plan Cruz Roja Responde, con una inversión de 250 000 euros.

Esta iniciativa se dirige a cubrir las necesidades básicas de personas de edad avanzada con dificultades económicas. Se repartirán 2500 lotes con alimentos, productos de higiene personal, limpieza del hogar y tarjetas para alimentos frescos. Todo ello, además, complementado con un servicio de asistencia, acompañamiento y monitorización de la evolución de los beneficiarios.

Vivienda

Facilitar el acceso a una vivienda a aquellas personas con menos recursos es un objetivo prioritario para la Fundación "la Caixa". El objetivo del Programa de Vivienda "la Caixa", que cuenta con un parque de 21 600 pisos sociales repartidos por toda la geografía española. Adicionalmente, la entidad destina 4.3 millones de euros a impulsar proyectos de vivienda para la inclusión social y la inserción sociolaboral de personas especialmente afectadas por la COVID-19 a través de las Convocatorias de Ayudas a Proyectos Sociales.

Investigación

La apuesta por la investigación de excelencia en biomedicina y ciencias de la salud constituye otro gran eje estratégico para la Fundación "la Caixa". La entidad ha triplicado el presupuesto dedicado a los proyectos de investigación, a los que dedica 60 millones de euros anuales.

Una de las grandes prioridades es la colaboración con centros pioneros para combatir las enfermedades más graves y extendidas. Así lo demuestra la colaboración con centros de referencia internacional en la lucha contra la COVID-19, como el Instituto de Salud Global de Barcelona (Dr. Antonio Plasencia) e IrsiCaixa (Dr. Bonaventura Clotet).

En respuesta a este compromiso, la Fundación "la Caixa" ha seleccionado seis proyectos clave para hacer frente a la COVID-19 dentro de la convocatoria exprés del programa CaixaImpulse, puesto en marcha a finales de marzo ante la emergencia sanitaria causada por la pandemia. El objetivo es impulsar propuestas de investigación a través de vacunas, tratamientos o herramientas eficaces de diagnóstico. Se presentaron 349 proyectos de centros de investigación, hospitales, universidades y fundaciones de España y Portugal. Ante el éxito y la excepcionalidad de la convocatoria, la Fundación "la Caixa" decidió aumentar la dotación a 1.8 millones de euros con el fin de hallar e implementar nuevas vías para actuar contra la enfermedad.

Divulgación de la cultura y el conocimiento

El acceso a la cultura y la divulgación del conocimiento constituyen para la Fundación "la Caixa" herramientas de transformación social. Por ello, la institución promueve una oferta basada en la excelencia a través de sus centros CaixaForum y CosmoCaixa, así como de sus exposiciones itinerantes por todo el país.

Durante esta crisis, la Fundación también ha creado contenidos digitales vinculados a las actividades y contenidos de los centros CaixaForum y CosmoCaixa, todos ellos con acceso gratuito para todos los públicos.

Educación

A través del proyecto EduCaixa, la Fundación ha diseñado materiales pedagógicos en torno a la COVID-19 e impulsado un programa de liderazgo educativo acorde a las nuevas necesidades y tendencias de la docencia para el futuro. También ha puesto en marcha el primer campus virtual de EduCaixa, en el que han participado 308 alumnos y 82 profesores de España, Portugal y Colombia, centrado en el consumo crítico de la información.

Bajo este programa, se ha lanzado el Coronavirus Community Lab. Se trata de la primera iniciativa participativa que invita a la población a presentar proyectos de ciencia ciudadana que mejoren la gestión de la crisis en la comunidad a escala urbana.

Ámbito internacional

En el ámbito internacional, la Fundación está adaptando y reorientando sus proyectos de salud global, emergencias, sociedad civil y creación de empleo para abordar la crisis del coronavirus en los países de África, Asia y América Latina en los que tiene presencia mediante, entre otras líneas de actuación, la formación de profesionales y campañas de vacunación, acciones de prevención y mejora de la atención de poblaciones más vulnerables, redefinición de pequeños negocios generados para la producción y distribución de material sanitario, higiene y alimentación a través del programa Work4Progress. Todo ello, apoyado por la asistencia técnica virtual a través del programa CooperantesCaixa.

En Portugal, donde la Fundación "la Caixa" inició su implantación en 2018, fruto de la entrada del banco BPI en el Grupo

CaixaBank, la lucha contra la pandemia y de ayuda a las personas afectadas se ha materializado mediante la puesta en marcha de diferentes iniciativas. Destacan la colaboración con el proyecto de un ventilador pulmonar portugués desarrollado en el CEiiA (Centre of Engineering and Product Development), junto con la Fundação Calouste Gulbenkian; la donación de tabletas para facilitar la comunicación entre enfermos y familiares en el marco del programa Humaniza; o el apoyo a proyectos de investigación médica portugueses a través del programa CaixaImpulse.

3. La COVID-19 y las consecuencias que ha comportado y comportará a medio-largo plazo hacen más necesaria, si cabe, la misión de la Fundación "la Caixa", alineada completamente con los ODS y la Agenda 2030: construir una sociedad mejor y más justa, ofreciendo más oportunidades a aquellas personas que más lo necesitan. Su voluntad es continuar avanzando, con decisión, en su compromiso con los ODS.

Algunos ejemplos:

Ver vídeo:
Fundación "la Caixa", fin de la pobreza y reducción de las desigualdades (ODS 1 y ODS 10).

Ver vídeo:
Fundación "la Caixa", salud y bienestar (ODS 3).

Ver vídeo:
Fundación "la Caixa", igualdad de género (ODS 5).

2. AGENDA 2030: EL MARCO PARA ABORDAR LOS DESAFÍOS GLOBALES

Los objetivos de desarrollo sostenible de Naciones Unidas, aprobados por unanimidad en su Asamblea General en septiembre de 2015, son un hito porque, por primera vez en su historia, todos los estados del mundo comparten el mismo proyecto, basado en cinco pilares: paz, personas, planeta, prosperidad y partenariado (alianzas).

El lema del acuerdo, «No dejar a nadie atrás», nos exhorta a situar a las personas en el centro de nuestras iniciativas. Además, junto con el acuerdo alcanzado en la COP21 celebrada en París el mes de diciembre del mismo año, los ODS señalan el camino para responder a la emergencia climática con el objetivo de reducir las emisiones de gases de efecto invernadero, con la rapidez e intensidad necesarias para que el aumento de temperatura no supere 1.5 °C, con respecto a la época preindustrial. Asimismo, los ODS proponen que la prosperidad alcance al conjunto de la población.

La ONU impulsó la Agenda 2030 para establecer criterios comunes para abordar los problemas globales, como la crisis provocada por la COVID-19. De hecho, la respuesta que en la mayoría de los países se ha dado a la pandemia se ajusta a los criterios establecidos en la Agenda 2030.

En primer lugar, para frenar la difusión del virus no hemos dudado en paralizar la economía, a fin de evitar muchas muertes. El presidente de Francia, Emmanuel Macron, reconocía la singularidad de esta respuesta con las siguientes palabras: «No hay precedentes de eso en nuestra historia. Creo que es un profundo *shock* antropológico… Si podemos hacer lo impensable a nuestras economías para frenar la pandemia, podríamos hacer lo mismo para detener el cambio climático catastrófico», (FT 16 de abril, 2020).

En segundo lugar, la respuesta de los ciudadanos ha sido mayoritariamente ejemplar. Ningún gobierno puede gestionar con éxito una crisis como esta si no cuenta con el respaldo de una ciudadanía con una cultura cívica arraigada que confíe en las recomendaciones de las autoridades sanitarias y respete voluntariamente las normas establecidas.

Para conseguir los ODS es necesario el mismo apoyo social, como señalaba Macron cuando se refería al cambio climático catastrófico. Conseguir los ODS solo es posible con el respaldo decidido de la mayoría de la sociedad, pues también nos exige modificar sustancialmente nuestros hábitos, por ejemplo, en ámbitos tan sensibles como el consumo y la movilidad.

En tercer lugar, conviene subrayar la solidaridad que se ha producido, tanto desde el ámbito profesional como empresarial. Destaca el comportamiento ejemplar del personal sanitario, muy a menudo de un coraje propio de héroes. También la respuesta de muchas empresas ha sido decisiva para el éxito de las medidas adoptadas para frenar el virus, aumentando la capacidad del sistema sanitario.

Las empresas tecnológicas han desarrollado herramientas digitales necesarias para superar el aislamiento social, promover la cohesión social y difundir el conocimiento de las directrices de salud y seguridad para superar la pandemia. Por su parte, las empresas farmacéuticas han producido test de prueba para que se pueda conocer la extensión del virus entre la población y en las áreas más afectadas, una información fundamental para adoptar medidas ajustadas a la situación. Asimismo, empresas manufactureras han incorporado en sus cadenas de montaje, con una rapidez sorprendente, la fabricación de máscaras y ventiladores, cubriendo una necesidad fundamental para tratar a los pacientes de COVID-19.

En cuarto lugar, en la lucha contra la COVID-19 no se ha puesto en duda la aplicación de criterios científicos para decidir las acciones que realizar. De igual manera, no se discutió la necesidad de destinar recursos a investigar el desarrollo de medicamentos específicos y, eventualmente, de una vacuna. En este ámbito, el compromiso de las instituciones filantrópicas privadas ha sido muy relevante para movilizar rápidamente recursos y capacidad de investigación. Un informe de la ONU publicado el mes de marzo de 2020 señalaba que «ahora es el momento para que más organizaciones filantrópicas del mundo se unan a los 225 financiadores privados que han donado aproximadamente 1900 millones de dólares hasta ahora».

Finalmente, el carácter global de la pandemia obliga a la cooperación entre los países para detenerla. Tanto en la investigación para desarrollar los medicamentos más adecuados, compartiendo información sobre los métodos aplicados que se han demostrado más eficaces, como en el apoyo financiero a los países con sistemas sanitarios más débiles, la colaboración a escala global es un requisito para el éxito.

En definitiva, oponer la COVID-19 a la Agenda 2030 plantea un dilema inexistente. Apelamos a los mismos principios que inspiran los ODS para resolver la crisis sanitaria. Del mismo modo, las enseñanzas y muchas de las innovaciones, tanto tecnológicas como sociales, necesarias para superar la pandemia nos servirán para cumplir los ODS.

1. Los objetivos de desarrollo sostenible (ODS)

Desde el año 2015, Naciones Unidas tiene un marco de referencia ambicioso llamado ODS (objetivos de desarrollo sostenible). Coincide también con los acuerdos de la cumbre de París sobre el cambio climático (COP 21). Ambas iniciativas apelan a todos los agentes políticos, sociales y empresariales a contribuir con sus actuaciones a la causa de la sostenibilidad.

Los objetivos de desarrollo sostenible (en adelante, ODS) son 17 objetivos que pretenden guiar de manera coordinada la acción mundial colectiva de los próximos quince años (2015-2030) para adoptar medidas que logren acabar con los grandes problemas del planeta y retos de la humanidad: poner fin a la pobreza y a la desigualdad, proteger el medioambiente, favorecer el desarrollo sostenible y garantizar que todas las personas disfruten de paz y prosperidad «sin dejar a nadie atrás» o, en inglés, *with no one left behind*. Estos objetivos fueron establecidos después de amplias negociaciones entre múltiples agentes procedentes de un gran número de sectores.

El carácter del acuerdo que estableció los ODS no implica legalmente a los agentes concernidos, aunque sí puede exigirse su compromiso a contribuir, y tampoco es imperativo que se consigan totalmente en el año 2030, pero sí marcan un horizonte común hacia el cual avanzar con decisión. En 2015 hubo 193 estados que firmaron dicha agenda y existe un compromiso explícito de presentar periódicamente los avances conseguidos.

Los ODS vienen a continuar y ampliar los 8 objetivos de desarrollo del milenio (ODM), propuestos por un grupo técnico de la ONU, objetivos que ocuparon el período 2000-2015 y que estaban pensados principalmente para conformar un marco de actuación en torno al cual los gobiernos de los países «ricos» elaboraran políticas y programas de ayuda al exterior, sobre todo de cara a países en vías de desarrollo, con el fin de asegurar la implementación de una serie de estándares mínimos.

Los ODS se basan en cinco premisas fundamentales:

1. El sentido de urgencia para alcanzarlos y hacer frente a los retos y amenazas que afectan el desarrollo sostenible a escala planetaria.

2. Su potencial transformador respecto de las actuales pautas que condicionan la sostenibilidad del planeta.

3. Su carácter global y universal, dado que deben ser aplicables a todos los países, partiendo de las diferencias actualmente existentes en cada uno de ellos.

4. Su carácter indivisible, pues deben intentar alcanzarse en conjunto y con un enfoque integral, sin renunciar a ninguno de ellos.

5. El equilibrio que incorporan entre todas las dimensiones del desarrollo sostenible (la económica, la social y la ambiental).

Los objetivos de desarrollo sostenible (ODS) constituyen la nueva agenda global o Agenda 2030, que pretende, por un lado, superar de una vez por todas la dinámica de cooperación norte-sur o centro-periferia, introduciendo un multilateralismo más horizontal y eficaz y, por el otro, incorporar dinámicas de cooperación intersectorial. Los ODS no confían tanto en flujos de ayuda oficial al desarrollo como en la capacidad de los propios actores de generar ingresos públicos, facilitando un proceso que siga una senda *bottom-up*.

Esta Agenda 2030 para el desarrollo sostenible tiene el objetivo de estimular la acción en los cinco ámbitos de importancia crítica para la humanidad y el mundo: planeta, personas, prosperidad, paz y alianzas, que, en inglés, representan las 5 'P': *planet, people, prosperity, peace* y *partnership*.

A su vez, esta división en cinco ámbitos permite una ordenación de los 17 ODS, que aporta mayor coherencia al proyecto y favorece la interrelación entre ellos, como puedes ver en la siguiente ilustración.

PLANETA

Proteger el planeta de la degradación para nuestra generación y la de nuestros hijos.

PROSPERIDAD

Asegurar que todos puedan disfrutar de una vida próspera y que todo progreso económico, social y tecnológico se dé en armonía con la naturaleza.

PAZ

Fomentar sociedades pacíficas, justas e incluyentes libres de miedo y violencia.

ASOCIACIONES

Movilizar lo necesario para fortalecer una alianza global para el desarrollo centrada en las necesidades de los más vulnerables con la participación de todos.

Fuente: adaptación de https://puentesdigitales.com/2018/03/18/17-semanas-17-objetivos-de-desarrollo-sostenible/

2. Principales características de la Agenda 2030

Las principales características de la Agenda 2030 pueden resumirse así:

- **Es comprehensiva:** incorpora una visión holística del desarrollo humano.

- **Es universal:** apela a toda la comunidad internacional, a todos los países del mundo y a todos los individuos, por lo que favorece un esfuerzo colectivo y compartido para la consecución del desarrollo global en cada uno de los países.

- **Es ambiciosa:** debido a la amplia cobertura de los ODS y la exigencia de las metas establecidas, su implementación requiere movilizar muchas capacidades y recursos públicos y privados.

- **Es participativa:** surgida de un proceso en el que se ha contado con múltiples actores, públicos y privados, se vuelve necesaria la formación de alianzas entre ellos para llevarla a término.

Se basa en los principios de:

- **Equidad:** propone un principio equitativo: «no dejar a nadie atrás» o, en inglés, *with no one left behind.*

- **Interrelación de objetivos:** su cumplimiento implica trabajar simultáneamente en todos los objetivos.

- **Responsabilidad compartida:** promueve una acción colectiva a escala internacional que va más allá de las políticas de transferencia de recursos. Funciona bajo el principio de responsabilidades compartidas entre todos los países, pero diferenciadas según el grado de desarrollo de cada uno.

- **Subsidiariedad:** cada uno de los objetivos y metas deben ser gestionados por sectores y actores capacitados para dar respuesta a ellos. Se enfatiza la necesidad de generar alianzas para aumentar capacidades, recursos y experiencia en el cumplimiento de los objetivos.

- **Localización y apropiación:** debe adaptarse a las realidades locales y regionales, con el fin de conseguir una implicación de las instituciones en todos los niveles y una movilización ciudadana.

- **Evaluación y rendición de cuentas:** se asume el compromiso de fijar objetivos y de pedir rendición de cuentas a escala local, estatal, regional y global, de ahí la importancia de disponer de sistemas fiables de evaluación y de medición de resultados.

Esto significa que la agenda geopolítica global y regional incorpora los ODS como contribuyentes imprescindibles a la paz y la estabilidad, a la innovación y al crecimiento económico sostenible y sostenido, promoviendo que los objetivos comunes configuren instituciones, alianzas y mecanismos de cooperación y colaboración. Del mismo modo, los ODS se aplican también a instituciones públicas de todos los niveles, como la Comisión Europea, un referente en la ejecución de la estrategia global de la UE.

Los ODS proponen eliminar la pobreza y el hambre, facilitar el acceso a los alimentos, al agua potable y a la energía a toda la población del planeta para el año 2030, una población que aumentará en las próximas décadas hasta los 9000 millones de habitantes previstos para el año 2050. Esto significa que debe mejorarse considerablemente la capacidad de abastecer a la población mundial de alimentos, de energía, de infraestructuras para acceder al agua potable, de servicios médicos y educativos y de un largo etcétera. Al mismo tiempo, los ODS demandan reducir el impacto de nuestra actividad en el medioambiente: evitar que el aumento de la temperatura del planeta supere los 2 °C, incluso 1.5 °C, y no esquilmar los recursos naturales, tal como nos exigen los ODS 11, 13, 14 y 15. En definitiva, consumir menos recursos.

De esta tensión nace la fuerza de los ODS, que son, hoy en día, la hoja de ruta más esperanzadora para el futuro de la humanidad. El mayor de los retos implícito en los ODS consiste en encontrar un equilibrio que permita satisfacer las necesidades de mayor crecimiento y aumento de la producción con el compromiso de reducir el impacto medioambiental y las desigualdades socioeconómicas. El reto que supone puede realizarse si aprovechamos dinámicas globales ya existentes que, desde hace años, están avanzando en la misma dirección. Hablamos, entre otras, de:

1. Avances tecnológicos que, además de abrir un gran abanico de posibilidades para la creación de nuevos productos y servicios, permiten mejorar drásticamente la productividad de la economía sin perjudicar el medioambiente y reducir los recursos existentes.

2. Construcción de alianzas entre sector público, sector privado y sociedad civil que, en el marco institucional actual, han demostrado ser las formas más efectivas de provisión de servicios.

3. Aumento del número de consumidores —e inversores— concienciados con los problemas globales y comprometidos con principios subyacentes al marco de los ODS, cada vez más conocedores de su poder de compra como colectivo y dispuestos a ejercerlo.

La gran virtud de esta hoja de ruta que son los ODS es su indiscutible sentido de la oportunidad: se han acordado en un momento en que confluyen las distintas tendencias que propician un desarrollo más sostenible. Su éxito depende en gran medida de la capacidad de los distintos actores de entender el potencial del nuevo paradigma y de su voluntad para asumir e impulsar este programa, propuesto por Naciones Unidas. Esto permite por primera vez establecer una hoja de ruta para la humanidad que aúna la visión holística de los retos compartidos, el trabajo en alianzas y el compromiso práctico en el logro concreto de los objetivos establecidos.

Necesidad de una visión definida, con metas globales establecidas	**Sentido de propósito común**
Interconexión de los objetivos ambientales, sociales y económicos	**Visión holística del reto**
Importancia de las asociaciones de múltiples partes interesadas	**Trabajo en alianzas corresponsabilidad**
Énfasis en la responsabilidad y la medición de los logros	**Compromiso práctico y concreto**

3. AGENDA 2030: PROGRESO EN EL SIGLO XXI

¿Acertaron los autores de *En defensa de la Ilustración* (*Enlightenment Now*) al predecir que la razón nos guiaría para progresar? Transcurridos más de dos siglos y medio, para responder esta pregunta Steven Pinker propone evaluar en su libro la evolución de los siguientes factores de la condición humana:

«La mayoría de las personas están de acuerdo en que la vida es mejor que la muerte. La salud es mejor que la enfermedad. El sustento es mejor que el hambre. La abundancia es mejor que la pobreza. La paz es mejor que la guerra. La seguridad es mejor que el peligro. La libertad es mejor que la tiranía. La igualdad de derechos es mejor que la intolerancia y la discriminación. La alfabetización es mejor que el analfabetismo. El conocimiento es mejor que la ignorancia. La inteligencia es mejor que la estupidez. La felicidad es mejor que la miseria. Las oportunidades para disfrutar de la familia, los amigos, la cultura y la naturaleza son mejores que el trabajo pesado y la monotonía.

Estos factores se pueden medir. Si han aumentado con el tiempo, eso es progreso».

Tras analizar la tendencia seguida por cada uno de los factores citados, Pinker concluye que los hechos confirman plenamente la promesa de la Ilustración, puesto que todos ellos han mejorado espectacularmente desde entonces.

Sin embargo, el progreso no es un camino recto con una meta final, sino más bien una espiral ascendente. Cada avance permite superar dificultades al precio de crear otras nuevas. Por ello, aunque todos los países se encuentren en una situación mejor que la de finales del siglo XVIII, hoy en día afrontamos retos formidables, como cambios tecnológicos disruptivos, desequilibrios demográficos o desigualdad económica. Al mismo tiempo, se aceleran el cambio climático y la destrucción de ecosistemas, mientras se agudiza la rivalidad geopolítica entre los grandes países, singularmente entre los Estados Unidos y China. Es importante reconocer que nos enfrentamos a una crisis profunda y de largo recorrido, derivada de desafíos globales interconectados, agravada por la aparición de la COVID-19.

No obstante, la experiencia de los siglos XIX y XX nos enseña que estos desafíos globales pueden convertirse en la gran oportunidad para progresar en el siglo XXI si los objetivos de desarrollo sostenible devienen la meta de todos.

La Agenda 2030 fue aprobada unánimemente por los 193 estados reunidos en la Asamblea General de Naciones Unidas en septiembre de 2015; sin embargo, no es una propuesta limitada a los gobiernos, las empresas o algunos países en concreto, sino que está pensada para todos, para el conjunto de la humanidad. Los 17 objetivos de desarrollo sostenible constituyen la mejor respuesta a los desafíos del momento actual, pues proponen restablecer el equilibrio ecológico del planeta y abordar los retos sociales más urgentes: poner fin a la pobreza, reducir la desigualdad y mejorar las condiciones de vida de la población. En definitiva, no dejar a nadie atrás, *no one left behind*.

1. Los ODS y el progreso

La Agenda 2030 muestra el camino para progresar en el siglo XXI, porque existe una estrecha correlación entre los ODS y los factores que definen el progreso.

La salud y bienestar, objeto del ODS número 3, responde al hecho de que al menos 400 millones de personas no tienen acceso a servicios de salud.

Los ODS 1 y 2 —fin de la pobreza y hambre cero, respectivamente— responden al hecho de que el 11 % de la población mundial, 736 millones de personas, vive en pobreza extrema.

El ODS 16 —paz, justicia e instituciones sólidas— responde al hecho de que la paz, la seguridad y la libertad siguen siendo factores de progreso, cuando a finales del año 2017 68.5 millones de personas vivían forzosamente desplazadas como resultado de la persecución, el conflicto, la violencia o las violaciones de los derechos humanos. Además, la corrupción, el soborno, el robo y la evasión impositiva les cuestan a los países en desarrollo 1.26 billones de dólares al año.

Los ODS 5 y 10 —igualdad de género y reducción de desigualdades, respectivamente— recuerdan que sigue vigente la necesidad de defender la igualdad de derechos, cuando la desigualdad de ingresos está en aumento —el 10 % más rico de la población se queda hasta con el 40 % del ingreso mundial total, mientras que el 10 % más pobre obtiene solo entre el 2 y el 7 % del ingreso total—. Asimismo, poner fin a todas las formas de discriminación contra mujeres y niñas es un derecho humano básico y, además, es crucial para el desarrollo sostenible. Sin embargo, una de cada tres mujeres ha experimentado violencia física o sexual, y las mujeres representan solo el 13 % de los propietarios de las tierras.

El ODS 4 —educación de calidad— nos recuerda que, a pesar de los avances en alfabetizar la población logrados en todo el mundo, todavía 57 millones de niños permanecen fuera de la escuela primaria, más de la mitad de ellos en el África subsahariana. Asimismo, seis de cada diez niños y adolescentes en todo el mundo no logran un nivel de competencia mínima en lectura y matemáticas.

Los ODS 6, 7, 13, 14 y 15 se refieren a los distintos aspectos de la crisis climática y medioambiental que es propia de nuestro siglo. Hoy en día, no es posible hablar de progreso sin abordar con decisión la emergencia climática en que nos encontramos y la protección del medioambiente en sentido amplio.

El ODS 11 recoge otro fenómeno propio del siglo XXI: la concentración de la población en ciudades, pues más de la mitad de la población mundial vive hoy en zonas urbanas. En 2050, esa cifra habrá aumentado a 6500 millones de personas, dos tercios de la humanidad. No es posible lograr un desarrollo sostenible sin transformar radicalmente la forma en que construimos y administramos los espacios urbanos.

2. Una llamada a las empresas

Las experiencias acumuladas durante las dos primeras décadas del siglo XXI demuestran con creces que el modelo de crecimiento económico actual es insostenible: crisis financieras como la de las empresas de Internet del año 2000, la Gran Recesión de los años 2008-2012, la emergencia climática en que nos encontramos, el aumento de las desigualdades... Los ODS nos muestran una estrategia alternativa de crecimiento a largo plazo. Esta posibilidad solo es realizable con la implicación de las empresas y su plena identificación como actores principales de un nuevo modelo de desarrollo, que convierte los desafíos en oportunidades de negocio.

Como nos recuerda el World Business Council For Sustainable Development (WBCSD), las empresas —como fuente de crecimiento y desarrollo económico, empleo e innovación— juegan un rol clave en la construcción de un mundo más inclusivo y sostenible. Las empresas no pueden prosperar en sociedades que fracasan y que no tienen en cuenta los límites del planeta; sin embargo, pueden ofrecer soluciones y oportunidades de negocio innovadoras y sostenibles. La adhesión a los ODS puede justificarse por pura necesidad (la constatación de la crisis del modelo tradicional, de su agotamiento y de los riesgos que comporta); puede ser fruto de la responsabilidad (el componente ético que las empresas ya han venido desarrollando desde la implantación de los modelos de RSE); pero ahora también puede responder al sentido de la oportunidad, ya que la consecución de las metas ligadas con la Agenda 2030 presenta, como veremos, un conjunto de oportunidades únicas para las empresas. El esquema básico de respuesta sería el siguiente.

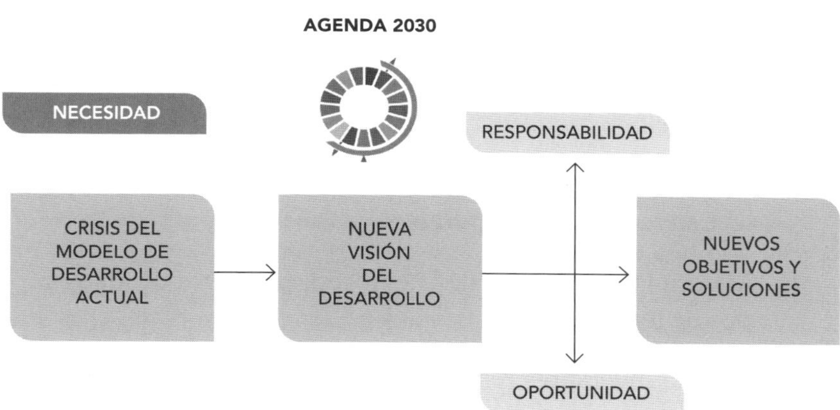

Fuente: elaboración propia

Los ODS plantean cuestiones y proponen metas relacionadas con el consumo responsable, la economía circular, la productividad, la salud y el bienestar o la innovación, donde las empresas tienen mucho que aportar; si se alcanzan, estas metas poseen el potencial para lograr un crecimiento de más calidad, con unos cimientos más sólidos en materia ambiental y social. Las empresas disponen de y pueden proporcionar los recursos y conocimientos necesarios para dar forma a soluciones innovadoras para los retos mundiales. Podemos, pues, aprovechar el protagonismo principal que tiene la esfera privada en la generación de crecimiento, productividad y empleabilidad; incorporar sus procesos de innovación en el terreno de la tecnología, los productos, los servicios, los procesos y los modelos de negocio; acceder e incluir su *know-how* y sus conocimientos sobre cómo satisfacer demandas específicas de los clientes sin por ello renunciar a las economías de escala; y complementar las inversiones públicas y en ayuda oficial al desarrollo con inversiones por parte de empresas, entre otros.

Decálogo de oportunidades de la Agenda 2030 para la empresa

1. Presenta un marco global compartido que permite comunicar interna y externamente de forma más coherente, homogénea y comparable.

2. Contribuye a tener empleados motivados por un propósito universal.

3. Permite un mejor posicionamiento de la compañía y fortalece su reputación corporativa.

4. Mejora la percepción de la empresa por parte de los grupos de interés.

5. Atrae a inversores responsables y satisface a consumidores responsables.

6. Muchas de las iniciativas vinculadas con la descarbonización, digitalización y economía circular mejoran la eficiencia de las empresas.

7. Favorece el acceso a nuevos mercados.

8. Amplía las posibilidades de colaboración con el sector público.

9. Favorece el establecimiento de acuerdos y negocios con grandes empresas.

10. Acelera los procesos de adaptación y anticipación a las nuevas regulaciones.

Los ODS 8, 9 y 12 —trabajo decente y crecimiento económico, industria, innovación e infraestructuras y producción y consumo responsables, respectivamente— se refieren al rol esencial de la empresa y el crecimiento económico para crear una sociedad inclusiva. El desarrollo sostenible requiere impulsar el crecimiento económico, para el cual es imprescindible la innovación tecnológica, es decir, digitalizar los modelos de producción. Asimismo, es primordial para lograr estos objetivos el estímulo del espíritu empresarial y la creación de empleo, para lograr plena ocupación y trabajo decente para todos los hombres y mujeres en 2030. En total, 2000 millones de trabajadores tuvieron empleos informales en 2016, lo que representa el 61 % de la fuerza laboral mundial. También es preciso adoptar medidas eficaces para erradicar el trabajo infantil y el tráfico de personas.

El déficit de infraestructuras necesarias para el desarrollo sostenible es importante en varios ámbitos: más de 4000 millones de personas aún no tienen acceso a Internet y el 90 % proviene de países en desarrollo. Reducir esta brecha digital es crucial para no dejar a nadie atrás en el acceso a la información y al conocimiento, así como para promover la innovación y el emprendimiento. En relación con otras infraestructuras, 2300 millones de personas carecen de acceso a saneamiento y casi 800 millones de personas no tienen agua potable en sus viviendas; del mismo modo, 2600 millones de personas en países en desarrollo no están conectadas a una red de suministro de electricidad.

El ODS 13 —reducir radicalmente la huella ecológica— requiere adaptar la producción y el consumo de bienes a las exigencias de una economía circular. Los nuevos procesos, servicios y modelos empresariales compatibles con este objetivo también requieren el concurso de las nuevas tecnologías, junto al cambio de patrones de consumo. Una economía circular reduce al mínimo el uso de recursos no renovables y gestiona con la máxima eficiencia los renovables.

3. El objetivo 17: alianzas para lograr los ODS

Tal como indica la declaración de la ONU que estableció la Agenda 2030, los ODS interpelan a toda la sociedad. Todos somos necesarios para alcanzarlos; por ello, necesitamos del liderazgo político, para impulsar las regulaciones que faciliten que nadie quede atrás; del liderazgo empresarial, para desarrollar la economía en beneficio de todos y sostenible para el planeta; y del compromiso ciudadano, para que tanto la política como la economía se alineen con los ODS.

La ONU incluye las empresas entre los agentes que harán posible alcanzar los objetivos para el desarrollo sostenible de la Agenda 2030 y las considera vitales para el desarrollo económico: «Cada empresa tendrá su propio conjunto de prioridades, que reflejan la ambición de su compromiso con los ODS. El primer paso es definirlas, para establecer metas y objetivos empresariales ambiciosos. No es preciso que cada empresa cubra todos los ODS, aunque estos deben servir como referencia para que las empresas definan su nivel de ambición dentro de las áreas prioritarias de su industria y mercado»[1].

4. La cooperación público-privada (CPP)

El objetivo 17 propone la cooperación entre todos los agentes sociales y políticos como motor indispensable para hacer realidad los ODS. El mejor argumento a favor de las alianzas es la necesidad de sumar esfuerzos para multiplicar la eficacia de las acciones realizadas para alcanzarlos, teniendo en cuenta la gran exigencia que supone lograr los ODS para 2030.

La Administración pública tiene como finalidad principal asegurar la eficacia y la eficiencia de la actuación pública, objetivo que fundamenta la relación público-privada en el logro de los fines de interés general. Por ello, gana adeptos la concepción del Estado garante, como administración que garantiza los fines públicos mediante la regulación, la dirección y el control, pero sin asumir necesariamente de forma directa la prestación y la provisión de los servicios públicos.

En este contexto, cobra una relevancia especial la colaboración entre el sector público y el privado (CPP). Una alianza sólida se construye siempre sobre la base de objetivos compartidos, un principio que también aplica cuando se trata de crear valor social. Por ello, vemos en los ODS una oportunidad para superar el debate estéril sobre la dicotomía entre lo público y lo privado. La ONU ha propuesto los ODS como el común denominador que permite superar desconfianzas y prejuicios ideológicos, a fin de facilitar el éxito de la CPP. El reto que suponen los ODS exige que la Administración pública, el mundo empresarial, la sociedad civil y la comunidad científica y académica colaboren para encontrar soluciones para alcanzarlos.

5. Desarrollo sostenible y productividad

Siempre debemos recordar que el desarrollo económico depende del aumento de la productividad de la economía. Adam Smith, el fundador de la economía política, en *La riqueza de las naciones*, escrito en 1776, ya señalaba que los ciudadanos más pobres de Europa eran más ricos que las personas más ricas de los países de otras partes del mundo, gracias a que la productividad de su trabajo era más elevada, por el hecho de haber desarrollado la división del trabajo a una escala muy superior.

También en el siglo XXI, solo con una economía más productiva se conseguirán las dos metas que resumen la Agenda 2030: aumentar el nivel de vida de la población, sobre todo eliminando la pobreza extrema y, al mismo tiempo, no agotar los recursos naturales ni arruinar el medioambiente.

Los ODS proyectan eliminar la pobreza y el hambre, facilitar el acceso a los alimentos, el agua potable y la energía a toda la población del planeta para el año 2030, bienes actualmente fuera del alcance de unos 2000 millones de personas, que se incrementarán en las próximas décadas, a medida que la población crezca hasta los 9000 millones de habitantes previstos para 2050. Por lo tanto, para alcanzar estos objetivos, debemos aumentar considerablemente la producción de alimentos, de energía, de infraestructuras para acceder al agua potable, de servicios médicos y educativos, y un largo etcétera. En resumen, el primer mandato de los ODS es que debemos producir mucho más y mejor que hasta ahora.

Al mismo tiempo, los ODS nos demandan reducir el impacto de nuestra actividad en el medioambiente: evitar que el aumento de la temperatura supere los 2 ºC, incluso los 1.5 ºC; no esquilmar los recursos naturales, tal como nos exigen los ODS 11,13, 14 y 15 y los acuerdos del COP 21.

En definitiva, consumir menos recursos. Para producir más y mejor y consumir menos recursos, es preciso aumentar drásticamente la productividad.

Las ideas y el conocimiento, las instituciones, la población y el capital humano son cuatro motores que influyen en el crecimiento de la productividad, más que los bienes de capital, según argumentan Paul Romer y Charles Jones (*The New Kaldor Facts*, junio de 2009, http://www.nber.org/papers/w15094).

No obstante, el conocimiento no se convierte espontáneamente en motor del progreso económico. No hay fórmulas magistrales que aseguren la transición entre ambos, aunque la calidad de las instituciones públicas —que inspiran confianza a los inversores— y un tejido empresarial capaz de incorporar las nuevas tecnologías con rapidez conforman el denominador común en los países desarrollados. El progreso científico impulsa el desarrollo económico siempre que la sociedad cuente con las instituciones adecuadas para transformar el uno en el otro.

De hecho, para explicar la divergencia de las tasas de crecimiento económico entre los países, en el trabajo citado antes, Romer y Jones señalan que «las disparidades entre las instituciones son la causa fundamental de las amplias diferencias en las tasas de crecimiento observadas entre los países con niveles de renta bajos. En cualquier modelo, instituciones inadecuadas distorsionan el uso del capital y del trabajo. Nosotros añadimos que también dificultan la adopción y la utilización de ideas provenientes de los países más avanzados».

Los ODS 4, 5, 9 y 16 se refieren a los cuatro motores de la productividad señalados anteriormente. El objetivo número 4 —«garantizar una educación inclusiva y de calidad y fomentar las oportunidades de aprendizaje durante toda la vida para todo el mundo»— es una condición necesaria para la aparición de ideas innovadoras.

Los ODS 5 y 9 nos proponen actuar para alcanzar la igualdad de género e invertir en innovación e infraestructuras. Es decir, no marginar al 50 % de la población y aprovechar todo el potencial de las nuevas tecnologías. En este punto, conviene subrayar el papel fundamental de la digitalización para conseguir los avances necesarios en la productividad de la economía.

El ODS 16 —«promover sociedades pacíficas e inclusivas para el desarrollo sostenible, facilitar a todo el mundo el acceso a la justicia y crear instituciones eficaces, responsables e inclusivas a todos los niveles»— subraya la importancia primordial de contar con las instituciones adecuadas, para hacer posible el desarrollo.

6. Transformaciones

En definitiva, la directriz clave de los ODS es transformar la economía y la sociedad actuales para alcanzar el desarrollo sostenible, «sin dejar a nadie atrás», con un énfasis especial en la igualdad de género, que, tal como recoge una de las metas establecidas para el ODS número 5, debe «asegurar la participación plena y efectiva de las mujeres y la igualdad de oportunidades de liderazgo a todos los niveles decisorios en la vida política, económica y pública».

No dejar a nadie atrás. Este mandato de la Agenda 2030 debe plasmarse en un mundo en transformación, sobre todo en tres ámbitos fundamentales: acceso a las tecnologías digitales, desarrollo de la economía circular e implementación de una economía con cero emisiones netas en 2050.

* **Digitalización:** Con las tecnologías del siglo XX no sería posible un desarrollo sostenible, sin dejar a nadie atrás, para las más de 9000 millones de personas que vivirán a mediados del siglo XXI en nuestro planeta. Necesitamos las tecnologías de la Cuarta Revolución Industrial (4RI), desde inteligencia artificial (IA), las TIC y robótica hasta biotecnología y desarrollo de las fuentes de energía renovable. En definitiva, una economía sostenible solo podrá ser digital.

Facilitar el acceso a Internet es un hito de la mayor importancia, aunque conseguir los ODS nos exige ir más allá. Acceder es un paso necesario que debe acompañarse de inversiones en capital humano, infraestructuras digitales y medioambiente para obtener todo el potencial de las tecnologías digitales. La tecnología digital facilita una economía inclusiva, por ejemplo, reduciendo el coste de acceder a la información, o bien ofreciendo servicios financieros a través del teléfono móvil. Son ilustrativos los casos de M-Pesa en Kenia y Alipay en China.

La digitalización es un pilar indispensable del desarrollo sostenible porque incrementa la productividad de la economía mediante tres vías: en primer lugar, facilita un gran ahorro de materias primas, de tal manera que hace posible desacoplar el crecimiento económico del consumo de estas. Esta ventaja se genera por la mayor eficiencia productiva que se logra con la digitalización, pero sobre todo por las innovaciones que introduce en los procesos de producción y de distribución.

Por ejemplo, poner un teléfono al alcance de cada habitante de África mediante telefonía fija hubiera implicado un consumo de recursos, como el cobre de las líneas, la madera o hierro de los postes... que la telefonía móvil ha hecho innecesario. También el tiempo para alcanzar este objetivo se ha reducido drásticamente; casi se ha logrado, a un coste para el usuario mucho menor y con un servicio de mayor calidad y amplitud.

En segundo lugar, la digitalización reduce el precio de productos y servicios para el usuario final: acceso gratuito a contenidos de Internet, organización de viajes a través de las webs de las compañías aéreas y los propios hoteles, acceso a servicios educativos y médicos sin necesidad de desplazamientos, acceso a centros de primera calidad desde prácticamente cualquier lugar del mundo y posibilidad de compra de productos de segunda mano a través de las plataformas de compraventa entre particulares.

- **Economía circular:** También la digitalización es indispensable para desarrollar la economía circular, tal como la define la Comisión Europea: «una economía en la que el valor de los productos, materiales y recursos se mantiene durante el mayor tiempo posible, y la generación de residuos se minimiza. La transición a una economía circular sería una contribución esencial a los esfuerzos de la UE para desarrollar una economía sostenible, baja en carbono, eficiente en recursos y competitiva».

Convertir productos en servicios, un proceso que la digitalización promueve, ayuda a desarrollar la economía circular, pues el uso del producto se multiplica, reduciendo los recursos necesarios para atender la demanda; por ejemplo, todos los servicios de movilidad urbana basados en el alquiler por horas o minutos, en vehículos como bicicletas, motocicletas, patinetes eléctricos e incluso automóviles. O Airbnb. En general, toda la *shared economy*, economía soportada mediante plataformas, es un pilar de la economía circular.

- **Cero emisiones netas en 2050:** La cumbre sobre el clima celebrada el pasado mes de septiembre en la ONU sirvió de altavoz para dar la voz de alarma: «Es urgente cambiar la senda que seguimos si queremos evitar un cambio climático descontrolado, con consecuencias desastrosas para las personas y para los ecosistemas que nos sustentan». El secretario general de la ONU propuso actuar para limitar el calentamiento global a 1.5 °C, en lugar de los 2 °C establecidos en el Acuerdo de París de 2015. Esta llamada de la ONU ha resonado en la UE. La nueva Comisión Europea se propone acelerar la disminución de las emisiones del 50 al 55 % para el año 2030, tomando como referencia las de 1990. En España, el Plan Nacional Integrado de Energía y Clima 2021-2030 propone una reducción del 21 % de las emisiones respecto al año 1990, para estar en línea con el objetivo del 50 % para el conjunto de la UE.

4. LOS OBJETIVOS DE DESARROLLO SOSTENIBLE: UNA NUEVA VISIÓN DEL DESARROLLO

Doce años después del estallido de la crisis financiera de 2008, constatamos que ha dejado como herencia dos problemas persistentes, en mayor o menor grado presentes en todos los países: 1) la desigualdad creciente en la distribución de los ingresos, de la riqueza y de las oportunidades de mejora; 2) desde entonces, un crecimiento frágil de la economía a causa de una productividad estancada. En estos momentos, la economía se sustenta en la acumulación de deuda y la excepcional política monetaria de mantener los tipos de interés prácticamente nulos.

El malestar social generado por la incapacidad de superar estos problemas ha originado una respuesta que, sobrepasando el dominio de la economía, pone en cuestión tanto esta política como las instituciones más identificadas con ella. Los dos pilares del modelo económico anterior a la crisis, la globalización y la confianza en la autorregulación de los mercados, han perdido la credibilidad de que gozaron durante décadas. Sociedades tradicionalmente cohesionadas, como Reino Unido o Estados Unidos, se muestran divididas respecto a cuestiones fundamentales, como la pertenencia a la Unión Europea o el rol que deben desempeñar en el mundo, respectivamente.

En casi todos los países europeos han ganado influencia política propuestas populistas que, con la mirada puesta en el pasado, prometen el proteccionismo y la atención exclusiva al interés propio. Los Estados Unidos de Trump preconizan su «America first» como respuesta al temor que produce la incertidumbre del futuro. Frente a estas invitaciones al cierre de fronteras, la crisis desatada por la COVID-19 nos recuerda que hoy en día los riesgos más importantes para las sociedades son globales; del mismo modo, ningún país estará a salvo de la pandemia hasta que todos lo estén y tampoco encontraremos el camino del progreso si no sirve para todos e incluye la preservación de la naturaleza. El fracaso de las políticas que nos condujeron a la crisis no justifica las propuestas de retornar al pasado.

1. Desigualdad y productividad de la economía

El aumento de la desigualdad y el estancamiento de la productividad son problemas que se alimentan mutuamente. La OCDE ha analizado las relaciones entre ambos en un documento reciente, *The Productivity-Inclusiveness Nexus*[1], con unos resultados distintos a los previstos por el modelo neoliberal, según el cual la desigualdad no influía en el crecimiento de la economía e incluso podía considerarse un efecto inevitable del desarrollo. Por el contrario, «el creciente peso de la evidencia internacional en los últimos años ha demostrado que, contrariamente a la opinión ampliamente difundida, la reducción de las desigualdades económicas puede beneficiar más que perjudicar el crecimiento».

Para superar ambos problemas, la OCDE recomienda un conjunto de medidas en plena sintonía con el marco establecido por los ODS. En primer lugar, para aumentar la productividad de la economía, es fundamental facilitar el acceso a una educación adecuada, particularmente en las competencias más necesarias para una economía digital. Si se implementan con las políticas adecuadas, los avances tecnológicos de la Cuarta Revolución industrial (4RI) serán la clave para lograr los ODS. La revolución tecnológica actual es una oportunidad única, siempre que seamos capaces de «no dejar a nadie atrás» en el acceso a estas nuevas tecnologías. Debe ser un objetivo primordial, tanto del sector público como del sector privado, reducir la brecha entre los que acceden a ellas y los que no pueden, entre los que saben y los que no saben utilizarlas.

En segundo lugar, hay que cerrar la amplia brecha que existe entre la productividad de las empresas situadas en la vanguardia del progreso tecnológico y el resto, una distancia más acusada aún en las empresas del sector servicios. Esta disparidad no se debe a que la tecnología avanzada es inaccesible para las empresas más atrasadas, sino a que muchas de ellas se muestran incapaces de adaptarla con éxito. Entre las causas de esta insuficiencia destaca su ubicación en un entorno poco propicio, por ejemplo, con dificultades para acceder a la financiación o con un mercado laboral más atento a proteger el puesto de trabajo que las capacidades de los trabajadores. Son factores que frenan la necesaria difusión de las nuevas tecnologías en todo el tejido empresarial.

En coherencia con estas propuestas, la OCDE asume el concepto integral de «desarrollo sostenible», plasmado en los objetivos de desarrollo sostenible adoptados por Naciones Unidas. Afirma: «Apoyamos firmemente estos compromisos». En la línea de lo que proponen los ODS, la OCDE señala como retos fundamentales para nuestro tiempo los cuatro siguientes:

1. **Sostenibilidad ambiental.**

2. **Aumento del bienestar:** mejorar la calidad de vida de las personas y las condiciones de la sociedad en general.

3. **Disminución de la desigualdad:** reducir la brecha entre los ingresos y la riqueza de los grupos más ricos y pobres de la sociedad; reducción de las tasas de pobreza y una mejora relativa del bienestar, los ingresos y las oportunidades de quienes experimentan desventajas sistemáticas, incluyendo mujeres, miembros

de minorías étnicas, personas discapacitadas y personas de las comunidades geográficas desfavorecidas.

4. **Resiliencia:** entendida como la capacidad para resistir choques financieros, ambientales u otros, sin sufrir efectos catastróficos para toda la sociedad.

A partir de la Agenda 2030, es posible construir un futuro que permita superar el callejón sin salida al que nos ha conducido el modelo de desarrollo actual, basado en la infundada creencia de que los recursos naturales son inagotables. La humanidad comparte el planeta. Y la COVID-19 está demostrando cuánto dependemos unos de otros; también nuestros sistemas de salud están interrelacionados, así como nuestros sistemas alimentarios y las cadenas de suministro.

En definitiva, la Agenda 2030 y los ODS son mucho más que un plan de acción para conseguir las metas identificadas para cada objetivo. Además, sientan las bases para desarrollar un nuevo modelo de desarrollo inclusivo, respetuoso con el medioambiente, basado en la legitimidad global que le otorga ser el fruto del acuerdo de los 193 estados que componen la Asamblea General de la ONU.

2. Liderazgo empresarial en el siglo XXI

El liderazgo se demuestra haciendo compatible el interés propio de las empresas con la dimensión social y medioambiental de su actividad, de modo que formen parte de las soluciones a los desafíos que la sociedad afronta. Con la Agenda 2030 se abre paso una visión nueva del progreso económico que incluye no solo el crecimiento, sino también su relación con la reducción de las desigualdades y con la sostenibilidad del medioambiente. El objetivo 17 —alianzas para conseguir los ODS— señala un aspecto de especial relevancia: la implicación de todos los agentes sociales en el desafío que supone alcanzar los ODS para 2030. En el texto de la declaración la ONU en que se aprobaron los ODS, se recogía explícitamente el rol esencial que las empresas deben tener en la consecución de la Agenda 2030. Sin embargo, para hacerlo posible, también ellas deben asumir las transformaciones que requieren los ODS.

La experiencia de los países desarrollados demuestra que las sociedades prosperan cuando las leyes respetan la libertad de las personas, en la cual se basa la creación de empresas. El peso de la economía en la configuración de la sociedad convierte las empresas en instituciones sociales fundamentales, cuya influencia es bienvenida siempre y cuando acrediten su compromiso con el futuro de la sociedad y actúen con integridad y transparencia. Por ello, el lema «maximizar el valor de mercado» como única finalidad de la empresa, que se formuló hace unos cincuenta años por Milton Friedman, no es sostenible como marco de referencia para las corporaciones del siglo XXI.

En una publicación reciente, la Academia Británica se hace eco de esta cuestión en los términos siguientes: «Hemos llegado a la conclusión de que el propósito de las empresas es satisfacer necesidades de las personas y del planeta de manera rentable y no obtener provecho causando problemas... Las empresas con propósito serán esenciales para resolver los desafíos globales del siglo XXI, expresados de la mejor manera integrados en los objetivos de desarrollo sostenible de la ONU».

Es preciso resaltar que el compromiso con la Agenda 2030 es incompatible con el lema de maximizar únicamente el beneficio que hoy en día todavía gobierna ampliamente los ámbitos académicos y profesionales. Los ODS subrayan la importancia del compromiso de la empresa con la sociedad. Por ello, el Statement on the Purpose of a Corporation, acordado por la asociación empresarial estadounidense Business Roundtable en el mes de agosto de 2019, supone un avance sustancial en la dirección que los ODS sugieren cuando afirma lo siguiente: «Las empresas compartimos un compromiso fundamental con todos nuestros grupos de interés... Cada grupo de interés es esencial. Nos comprometemos a entregar valor a todos ellos, para el éxito futuro de nuestras empresas, nuestras comunidades y nuestro país». Este es el camino hacia el liderazgo empresarial que necesitan las sociedades en el siglo XXI.

Liderazgo empresarial en el ámbito de los ODS

El *Blueprint for Business Leadership on the SDG´s* tiene como objetivo inspirar a todas las empresas, independientemente de su tamaño, sector o geografía, a tomar medidas de liderazgo para apoyar el logro de los Objetivos de Desarrollo Sostenible (ODS). El Blueprint no es una herramienta de evaluación, sino un marco para que cualquier empresa desarrolle o implemente una estrategia de ODS y evalúe si la acción de la compañía transcurre hacia el liderazgo y el logro de los objetivos.

El documento identifica cinco características en las conductas de las empresas que apuestan por el liderazgo en relación a los o de ese punto este liderazgo ha de ser intencional, ambicioso, consistente, colaborativo y responsable.

INTENCIONAL	AMBICIOSA	CONSISTENTE	COLABORATIVA	TRANSPARENTE

Estas cinco cualidades se pueden aplicar a la estrategia comercial, al modelo de negocio, los productos, la cadena de suministro, las asociaciones y las operaciones para elevar el listón y crear un impacto a escala.

Una acción de liderazgo intencional garantiza que el apoyo a los ODS sea una parte integral y deliberativa de la estrategia de la empresa, no algo hecho por un departamento o no reconocido en la estrategia general de la compañía. La coherencia o asegurar que el apoyo para los ODS esté integrado en las funciones de la organización y las comunicaciones externas es una de las cualidades más desafiantes para las empresas.

El nivel de ambición de una empresa líder excede en gran medida los niveles de ambición prevalecientes, se alinea con los objetivos globales donde pueda ser relevante e inspira la acción de otras empresas. La materialidad de sus acciones se extiende más allá del impacto financiero para abarcar todos los tipos de impacto (personas, planeta, prosperidad) que la empresa pueda tener. Finalmente, la ambición significa incorporar un enfoque en la acción que también dará resultados a largo plazo.

Una empresa líder de apoyo a los ODS haciendo consistentes sus acciones y su comunicación. Esto implica que los ODS son reconocidos en toda la empresa, incluidos todos los altos líderes, y que el comportamiento ético de alto nivel y el compromiso están incrustados en toda la organización y apuntalan el rendimiento requerido para avanzar en los ODS. La consistencia implica también un alto grado de coherencia entre lo que dice la compañía y lo que hace a lo largo de todas sus áreas de negocio. Esto requiere también transparencia interna y que la coherencia de sus acciones y enfoques se extienda en el tiempo y en las geografías en la que está presente, realizando las adaptaciones contextuales que correspondan.

La acción de una compañía líder en los ODS incluye la colaboración proactiva con otros agentes. Esto implica forjar asociaciones con otras empresas, gobiernos, organizaciones de la sociedad civil, inversionistas y comunidades locales en áreas relevantes para la acción de los ODS.

Finalmente, una empresa con liderazgo responsable tiene en cuenta en su acción a personas y planeta, dispone de sistemas para identificar los impactos que causa, procesos de gestión de riesgos para prevenir impactos adversos y procedimientos para remediarlos. El liderazgo responsable significa ser transparente ante los *stakeholders*, mostrando los desafíos y progresos hechos con relación a los ODS y permitiendo a estas partes interesadas tomar decisiones informadas. Esto fomenta la confianza de gobiernos, inversores, empleados, clientes y comunidades. Para ser responsable, una empresa líder debe actuar legalmente y alinear sus acciones con las normas internacionales establecidas.

5. LOS ODS Y LA CONTRIBUCIÓN DE LAS EMPRESAS

1. Alianzas: Gobierno, sector privado y sociedad civil

En la era global, la responsabilidad por las cuestiones que afectan a la sociedad no se circunscribe ya a la actuación de un único actor (los estados y organizaciones intergubernamentales), sino que interpela a otros actores que, con diferentes responsabilidades y áreas de influencia, pueden contribuir a través de sus actuaciones a configurar un futuro diferente para una gran mayoría de la población.

Los ODS se acordaron en la ONU, lo que podría inducir a creer que apelan solo a los estados, pero, en realidad, incumben a los tres sectores clásicos: gobiernos, empresas y sociedad civil. Cada agente puede y debe acometer aquellos compromisos y acciones que se adecúan mejor a sus funciones, capacidades y responsabilidades. En esta línea, cabe añadir además que los ODS pueden ser también y especialmente una oportunidad para potenciar el diálogo entre todos ellos y contribuir a crear alianzas para desarrollar una acción corresponsable, colaborativa y coordinada.

Tal y como propone el ODS 17, para que la Agenda del Desarrollo Sostenible sea eficaz, se necesitan alianzas entre los gobiernos, el sector privado y la sociedad civil favoreciendo círculos virtuosos de colaboración. Estas alianzas se construyen sobre la base de principios y valores, una visión compartida y objetivos comunes que otorgan prioridad a las personas y al planeta, y son necesarias a nivel mundial, regional, nacional y local. Estos objetivos comunes pueden ser más operativos si se focalizan por sectores, como energía, infraestructuras, transporte, tecnologías de la información y de las comunicaciones, etc.

En este contexto, las grandes corporaciones son vistas cada vez más como organizaciones que, por su creciente influencia económica, social y política, deben asumir una serie de responsabilidades que no se reducen solo a la eficaz gestión económica y financiera de sus activos.

2. Los ODS en la estrategia empresarial

Las empresas que adoptan una visión a largo plazo, multinacionales y también las de menor tamaño, consideran cada vez más los ODS como un referente importante para su estrategia. Muchas empresas se han dado cuenta de que asumiendo los retos que plantean los ODS pueden obtener nuevas oportunidades y, al mismo tiempo, mejorar su reputación y fortalecer las relaciones con sus principales interlocutores: clientes, empleados y reguladores.

A estas alturas, sabemos que el *«business as usual»* puede generar desarrollo, pero no es sostenible. Si continuamos emitiendo carbono a la atmósfera y agotando los recursos naturales, mantendremos la senda del crecimiento económico actual durante algunos años. Sin embargo, tanto la ciencia como el sentido común nos advierten que este camino implica el calentamiento del planeta y una destrucción de recursos naturales que el medioambiente ya no puede asumir.

Alternativamente, se puede aspirar a ser sostenible sin cambiar de modelo, manteniendo los actuales niveles de desigualdad mundial y renunciando a mejorar el nivel de vida de miles de millones de personas que viven en la pobreza, una opción que es impracticable ética y socialmente. En definitiva, el *business as usual* nos deja entre la espada de los límites del planeta y la pared de la crisis social.

Los 17 objetivos para el desarrollo sostenible (ODS), aprobados por unanimidad en la Asamblea General de la ONU en septiembre de 2015, representan una oportunidad sin precedentes para superar este dilema perverso.

La ONU incluye a las empresas entre los agentes que harán posible alcanzar los objetivos para el desarrollo sostenible de la Agenda 2030, porque, como ya hemos señalado, las considera actores vitales para el desarrollo económico. De hecho, la mejora de la productividad, un objetivo central de las empresas, es una de las principales exigencias de los ODS. Desde esta perspectiva, todas las inversiones en nuevas tecnologías (digitalización, comercio electrónico, *big data*, eficiencia energética, IA, vehículos eléctricos...), en la medida que reducen el uso de recursos naturales y sirven para introducir nuevos productos y servicios a precios asequibles para una población más amplia, son necesarias para la continuidad de las empresas y, al mismo tiempo, imprescindibles para alcanzar los ODS.

En definitiva, las empresas pueden inspirarse en los ODS y considerarlos su hoja de ruta, ya que apoyan una estrategia de crecimiento convincente, tanto para las propias empresas como para la economía mundial en su conjunto. Asimismo, para lograr los ODS es necesario el compromiso de las empresas, puesto que los beneficios que prometen para el conjunto de la sociedad no se obtendrán si las empresas privadas no desarrollan las oportunidades de mercado que estos abren.

Declaración empresarial en el SDG Business Forum, 2017

1. Las empresas impulsan la innovación, proporcionan la financiación y constituyen un motor para el desarrollo económico y el empleo. Por lo tanto, el liderazgo empresarial fuerte y visionario es esencial para lograr la transformación requerida por los ODS.

2. Apoyar abiertamente a los facilitadores de políticas y financiación que ayuden a lograr el punto de inflexión a favor de los ODS. La claridad de las políticas a largo plazo, los marcos legales estables y la reducción del riesgo de inversión serán clave para incentivar los modelos empresariales sostenibles.

3. Trabajar con los gobiernos, la sociedad civil y todas las partes interesadas para desarrollar soluciones empresariales que sean respetuosas con el medioambiente, eficientes e inclusivas para proteger y restaurar nuestro medio ambiente natural y apoyar a las personas y a las comunidades de todo el mundo.

4. Desarrollar una comprensión amplia de cómo sus actividades se traducen en impactos económicos, ambientales y sociales en el contexto de los ODS.

Los ODS son también un lenguaje común que contribuye a coordinar esfuerzos por parte de todos los agentes implicados. Sus 17 objetivos engloban metas válidas también para todas las empresas en cualquiera de los sectores en que estén operando y cualquiera que sea su tamaño. Ya no es solo que los ODS favorezcan el diálogo entre empresas y *stakeholders*, sino que además los ODS suponen compartir la hoja de ruta.

3. Ejemplos de compromiso con los ODS

Las fichas siguientes resumen el compromiso con la Agenda 2030 de las cinco empresas y de la Fundación "la Caixa", que, en el primer capítulo de este libro, han respondido el cuestionario sobre la COVID-19.

Destacamos las iniciativas más notorias impulsadas por ellas en los dos últimos años, tanto en el ámbito social como en el medioambiental. Las fichas permiten conocer cómo se materializa la presencia de los ODS en la estrategia de la empresa, así como saber si participan en índices de sostenibilidad o promueven alianzas y colaboraciones con otras entidades para la consecución de los objetivos de la Agenda 2030.

CAIXABANK
Banca para particulares y empresas

1. Presencia de los ODS en la comunicación y en la estrategia de la empresa

- Presencia de los ODS en la carta del presidente: sí.
- Integración de los ODS en la estrategia de la empresa: sí.
- Identificación de los ODS prioritarios: 1, 8, 12 y 17.

2. Presencia de los ODS en la oferta comercial de la empresa: incipiente

CaixaBank ha emitido (en septiembre 2019) su primer bono social.

La Entidad ha captado 1.000 millones de euros a 5 años, con el objetivo de facilitar la financiación de actividades que contribuyan al desarrollo económico y social

3- Participación en índices de sostenibilidad o en alianzas para promover los ODS

Participación en índices de sostenibilidad

- CDP
- FTSE4GOOD
- DJSI

Participación en alianzas, colaboraciones y compromisos voluntarios para la promoción del desarrollo sostenible

- Pacto Global
- Finance UNEP Initiative
- GSG
- Principios de Ecuador
- SERES
- Forética
- Empower Women

4. Iniciativas más destacadas de los últimos dos años en relación al medioambiente

En 2019 se ha participado en la financiación de 28 proyectos con un importe de 2453 millones de euros, que se han traducido en 8322 MW de potencia de energía renovable instalada. Desde 2011, se han financiado proyectos de energías renovables con una potencia instalada de más de 32 000 MW. La exposición de la cartera de energía de CaixaBank supone un 51 % del total de financiación de proyectos. De estos, un 62 % corresponden a proyectos de energías renovables.

Ecofinanciación: líneas específicas de financiación para la compra de vehículos y electrodomésticos respetuosos con el entorno, la inversión en eficiencia energética de viviendas y el fomento de inversiones que mejoren la eficiencia de los recursos o reduzcan el impacto medioambiental. Desde 2013, cuenta con una línea de ecofinanciación específica para impulsar el crédito para proyectos agrarios relacionados con la eficiencia energética y en el uso del agua, la agricultura ecológica, las energías renovables, la gestión de residuos o el desarrollo del entorno rural. En 2019, ha concedido un total de 505 préstamos por 10.2 millones de euros vinculados a líneas de ecofinanciación.

5. Iniciativas más destacadas de los últimos dos años en el ámbito social

Incorpora: facilita puestos de trabajo a personas en situación de vulnerabilidad; 13 613 empresas colaboradoras en toda España.

Cooperantes Caixa: programa de voluntariado corporativo internacional de asistencia técnica de corta duración dirigido a trabajadores de "la Caixa" y del Grupo CaixaBank en activo, prejubilados y jubilados. Cuenta con 51 cooperantes del Grupo CaixaBank (44 empleados activos y 7 en alguna situación de desvinculación).

Participación en 8 proyectos en colaboración con 10 ONG en 4 países: Mozambique, Perú, India y Colombia.

IBERDROLA
Producción de electricidad mediante fuentes limpias y convencionales
Comercialización de electricidad, gas y servicios energéticos asociados

1. Presencia de los ODS en la comunicación y en la estrategia de la empresa

- Presencia de los ODS en la carta del presidente: sí.
- Integración de los ODS en la estrategia de la empresa: sí.
- Identificación de los ODS prioritarios: 7 y 13.
- Existencia de procesos internos de formación/información sobre los ODS: sí.

2. Presencia de los ODS en la oferta comercial de la empresa: avanzada

Oferta de energía 100 % renovable para clientes en España con «Planes a tu medida» y «Smart Solar».

ScottishPower, única compañía eléctrica 100 % renovable en Reino Unido.

3. Participación en índices de sostenibilidad o en alianzas para promover los ODS

Participación en índices de sostenibilidad

- DJSI
- FTSE4GOOD
- Global 100
- CDP
- MSCI
- ROBECOSAM (Silver Class Distinction)
- World's Most Ethical Companies
- Fortune Global 500
- Vigeo Eiris
- Bloomberg Gender Equality Index
- Ecovadis
- Stoxx Global ESG Leaders
- Stoxx Europe 50
- Euronext Vigeo Eiris Eurozone 120
- ET Engaged Tracking – ET Global 800 y ET Europe 300
- ISS – Oekom - Compañía Prime
- NGREEN

Participación en alianzas, colaboraciones y compromisos voluntarios para la promoción del desarrollo sostenible

- Miembro de las plataformas UN Global Compact Pathways to Low-Carbon and Resilient Development y Reporting on the Financial Innovation for the SDGs.
- Miembro fundador de la Red Española del Pacto Mundial de Naciones Unidas.
- Alianza Shire: continuación del proyecto iniciado en 2014 con el propósito de llevar energía eléctrica y mejorar las instalaciones en campos de refugiados.

4. Iniciativas más destacadas de los últimos dos años en relación al medioambiente

Plan de cierre de las dos últimas centrales de carbón en España.

Objetivos de reducción de emisiones aprobados por la iniciativa Science Based Target (SBTi)

5. Iniciativas más destacadas de los últimos dos años en el ámbito social

Procedimientos de protección a clientes en situación de vulnerabilidad: cobertura al 100 % de clientes en situación de vulnerabilidad en España. Programa Warm Home Discount y Price Cap en Reino Unido.

Iberdrola ha logrado reunir más de 20 400 kilos de alimentos en sus centros de trabajo gracias a Operación Kilo, un programa puesto en marcha en 2012. Las más de 6 toneladas de alimentos aportados por los empleados han sido distribuidos entre diferentes familias a través de organizaciones sociales de España, México, Reino Unido y Brasil.

REPSOL

Compañía multienergética global, centrada en el cliente y que apuesta por un modelo energético de cero emisiones netas.

---

1. Presencia de los ODS en la comunicación y en la estrategia de la empresa

Integración de los ODS en la estrategia de la empresa: sí.

Identificación de los ODS prioritarios: 6, 7, 8, 9, 12, 13 y 17.

---

2. Presencia de los ODS en la oferta comercial de la empresa: incipiente

---

3. Participación en índices de sostenibilidad o en alianzas para promover los ODS

Participación en índices de sostenibilidad	*Participación en alianzas, colaboraciones y compromisos voluntarios para la promoción del desarrollo sostenible*
• CDP	• Miembro de la Red Española del Pacto Mundial de Naciones Unidas.
• Bloomberg: Oil & Gas Climate Risk Strategy.	• Socio de IPIECA (Global Oil and Gas Industry Association for Environmental and Social Issues).
• FTSE4Good	• Miembro de OGCI (Oil & Gas Climate Initiative).
• CHRB	• Miembro fundador de EITI (Extractive Industries Transparency Initiative).
• ISS ESG Corporate rating	• Adherido a la iniciativa TCFD (Task Force on Climate-related Financial Disclosures).
• Euronext Vigeo Eiris Europe 120	• Miembro de la iniciativa Principios Voluntarios en Seguridad y Derechos Humanos.
• Ethibel Sustainability Index	• Adherido a la iniciativa Climate and Clean Air Coalition Oil & Gas Methane Partnership liderada por UNEP.
• Transition Pathway Initiative: Quality Management, Carbon Performance	• Adherido a la iniciativa Zero Routine Flaring by 2030 del Banco Mundial.
• Sustainalytics: Global Compact 100 Index	• Adhesión al Pacto por la Economía Circular del Gobierno de España.
• Standard & Poors Global	• Adherido a la iniciativa Circular Plastics Alliance de la Comisión Europea.
	• Repsol mantiene desde 2018 un acuerdo de aplicación mundial con el Programa de Naciones Unidas para el Desarrollo (PNUD) y la Organización de Estados Iberoamericanos (OEI). Fruto de este acuerdo, en 2019 se ha llevado a cabo un nuevo proyecto de cooperación y desarrollo en Perú.

---

4. Iniciativas más destacadas de los últimos dos años en relación al medioambiente

- En 2019, se fijó como objetivo llegar a ser una compañía de cero emisiones netas en 2050. En 2020 Repsol ha anunciado un nuevo Plan Estratégico 2021-2025 que refuerza su objetivo y se focaliza en los biocombustibles avanzados y el hidrógeno renovable como palancas a corto – medio plazo.

- Repsol ha creado en 2019 un comité específico de economía circular que cuenta con la participación de representantes de los principales negocios de la compañía. A finales de 2020 cuenta con más de 220 proyectos circulares y más de 180 alianzas relacionadas.

- En 2020 Repsol ha definido un nuevo plan de reducción de emisiones para el periodo 2021-2025 con el objetivo de conseguir una reducción de 1.5 millones de toneladas de CO_2 en 2025. Este plan engloba actuaciones de reducción de metano y *flaring* rutinario. En este mismo año finaliza su plan de reducción de emisiones 2014-2020, consiguiendo una reducción de 2.3 millones de toneladas de CO_2, por encima del valor objetivo de 2.1.

- En 2020 la compañía ha aprobado la construcción de una de las mayores plantas de producción de combustibles sintéticos de cero emisiones netas a partir de hidrógeno verde, generado con energía renovable.
- También está liderando un proyecto de generación de gas a partir de residuos urbanos que sustituirá parte del consumo de combustibles tradicionales utilizados en el proceso de producción de la refinería Petronor.
- En 2020 se ha aprobado la construcción de una planta de biocombustibles avanzados a partir de residuos en la refinería de Cartagena.

5. Iniciativas más destacadas de los últimos dos años en el ámbito social

Safety Leap. En 2019 se ha iniciado el despliegue a nivel mundial del programa de liderazgo en seguridad denominado Safety Leap. En 2019 ya habían realizado el curso un total de 1970 personas. Si bien inicialmente el programa estaba dirigido a todas las personas en puestos de liderazgo de la compañía (directivos y gerentes), en 2020 se iba a extender a otros niveles de la organización.

Repsol Colombia lleva años apoyando el **Proyecto Procompite** que promueve la mejora de las vidas de las familias rurales, el crecimiento económico sostenible de las zonas rurales, el fortale-cimiento de las capacidades productivas y de emprendimiento. Este proyecto está considerado como un buena Práctica de Global Compact de Naciones Unidas, y ha sido galardonado de nuevo por Pacto Global Red de Colombia como acción que promueve el ODS5. Este proyecto ha contribuido en el aumento de los ingresos de las familias apoyadas en un 30 %.

En 2020 la compañía ha dado un paso más en las cadenas productivas de cacao con el proyecto **Agroemprende**. Este proyecto beneficia a 1000 empresas familiares, mediante un enfoque de desarrollo sostenible y de mayor empoderamiento de las mujeres.

Desde 2015 Repsol colabora con el Ministerio de Sanidad malayo para reducir la transmisión y mejorar la calidad de vida de los enfermos de talasemia, una afección sanguínea hereditaria que puede prevenirse con campañas de concienciación. Repsol promueve los análisis y la donación de sangre para detectar la enfermedad y ayudar a los pacientes, con el ánimo de involucrar a la población y erradicar la enfermedad en 2030.

En 2020 la compañía ha tenido un gran reconocimiento por los medios de comunicación locales destacando su compromiso con las comunidades locales donde opera.

<table>
<tr><td align="center">BASF ESPAÑA
Química para un futuro sostenible</td></tr>
</table>

1. Presencia de los ODS en la comunicación y en la estrategia de la empresa

El desarrollo sostenible está en el centro de su propuesta de valor: «Creamos química para un futuro sostenible». Tanto en lo que producen como en el cómo lo producen.

Inciden en todos y cada uno de los ODS (https://www.basf.com/global/en/who-we-are/ sustainability/management-goals-and-dialog/networks/global-compact/goals.html), aunque no con la misma intensidad.

Presencia de los ODS en la carta del presidente: sí.

ODS prioritarios: 6, 7, 8, 9, 11, 12 y 13, Teniendo muy claro que el 17 es el facilitador de todos los anteriores.

2. Presencia de los ODS en la oferta comercial de la empresa: decisiva.

- Superior al 25 % de la cifra de su negocio anual.

3. Participación en índices de sostenibilidad o en alianzas para promover los ODS

- Forma parte del Pacto Global.
- Fue nombrada empresa líder del Pacto Global y participa en diferentes foros para su desarrollo.
- Participó en la redacción de los ODS en los grupos de trabajo confeccionados por la ONU.
- Su director deneral preside la Comisión de Desarrollo Sostenible de la CEOE.
- En España, forma parte del Club de Excelencia en Sostenibilidad.
- Miembro de la Red Española del Pacto Global.

4. Iniciativas más destacadas de los últimos dos años en relación medioambiente

- BASF y Cafès Novell crearon las primeras cápsulas de café biodegradables y compostables del mercado.
- En enero de 2019, el CEO de la compañía asume el compromiso de desvincular las emisiones de gases de efecto invernadero de BASF de su crecimiento orgánico.
- En 2020 lanza ChemCycling, proyecto basado en el reciclaje químico de residuos plásticos.
- BASF y Adidas desarrollan un sistema que permite reciclar el 100 % de las zapatillas viejas y reconvertirlas en las primeras zapatillas de deporte totalmente reciclables. Estarán en las tiendas de todo el mundo a partir de la temporada primavera-verano de 2021.

5. Iniciativas más destacadas de los últimos dos años en el ámbito social

- BASF ha impulsado, desde Tarragona, el proyecto LaLiga Genuine, la iniciativa social más importante del fútbol español, que ha supuesto la creación de una liga para personas con discapacidad intelectual de la mano de LaLiga.
- Ha puesto en marcha el proyecto Kids' Lab (ODS 4), para fomentar una educación de calidad.

LEROY MERLIN
Empresa multinacional especializada en bricolaje, construcción, decoración y jardinería

1. Presencia de los ODS en la comunicación y en la estrategia de la empresa

- Presencia de los ODS en la carta del presidente: sí.
- Integración de los ODS en la estrategia de la empresa: sí.
- Identificación de los ODS prioritarios: 7, 8, 12, 15 y 17.

2. Presencia de los ODS en la oferta comercial de la empresa: avanzada

La contribución más significativa se localiza en el área de producción y consumo responsable, seguida del trabajo decente y crecimiento económico, la energía asequible y no contaminante, la acción por el clima, la vida de ecosistemas terrestres y las alianzas para lograr los objetivos.

Dispone de la gama Eco Opciones (17.79 % de las ventas en 2019), con soluciones para el hogar que permiten ahorrar agua y energía y cuidar de los bosques y de la salud de todos.

3. Participación en índices de sostenibilidad y en alianzas para promover los ODS

Participación en índices de sostenibilidad: no aplica.

Participación en alianzas, colaboraciones y compromisos voluntarios para la promoción del desarrollo sostenible:

- Pacto Global
- SERES
- Forética
- Fundación Empresa y Clima
- ANGED
- Multinacionales Marca España

4. Iniciativas más destacadas de los últimos dos años en relación al medioambiente

Política de Medioambiente. Modelo de negocio basado en la prevención, minimización, corrección y compensación de los impactos ambientales, así como la eficiencia en el uso de los recursos. La estrategia de la política de medioambiente se basa en tres pilares: cambio climático, economía circular y consumo responsable.

Soluciones sostenibles. Dispone de una gama de productos sostenibles que permiten ahorrar agua y energía, tener un hogar más saludable, aprovechar las energías renovables y conservar los bosques. Toda la gama Eco Opciones ha sido validada por ECODES (Fundación Ecología y Desarrollo) y dispone de certificaciones ambientales como FSC, PEFC o Madera Justa para los productos de madera, así como Ecolabel y Made In Green para otro tipo de productos. En 2019, esta gama supuso el 17.79 % de las ventas. Impulsan también las energías renovables ofreciendo soluciones para todo tipo de hogares y facilitando su implantación con soluciones llave en mano.

Madera certificada. Asumen el compromiso de que en 2021 el 100 % de la madera de sus productos provendrá de bosques sostenibles. Disponen de una Política de Compras Responsables de Madera en colaboración con sus proveedores, ONGs, entidades certificadoras y asociaciones de desarrollo local entre otros.

5. Iniciativas más destacadas de los últimos dos años en el ámbito social

Voluntariado. En 2019 realizaron más de 7000 horas de voluntariado corporativo en el que participaron más de 1800 empleados de la compañía. Como se indica en su informe anual, en 2019 se invirtieron casi 560 000 euros en el acondicionamiento de hogares de colectivos vulnerables —un 8.1 % más que el año anterior—, lo que permitió mejorar los hogares de 2300 personas.

Diversidad e inclusión. Fomentan la creación de empleo para personas con discapacidad. De sus casi 14 000 trabajadores, el 2.3 % —316 personas— son colaboradores con discapacidad. En alianza con organizaciones líderes, desarrollan en el ámbito de la inserción laboral iniciativas como los programas Inserta de la Fundación ONCE, Incorpora de la Obra Social La Caixa, Formación Superior CAMPVS de la Fundación A La Par o Compromiso Integra de la Fundación Integra.

FUNDACIÓN "LA CAIXA"
Acción social al servicio de los ciudadanos

1. Presencia de los ODS en la comunicación y en la estrategia de la fundación

- Presencia de los ODS en la carta del presidente: sí.
- Integración de los ODS en la estrategia de la fundación: sí.
- Identificación ODS prioritarios: 1, 3, 4, 5, 8, 9, 10, 11, 13, 15, 17.

2. Presencia de los ODS en la fundación

Los programas sociales, científicos, educativos y culturales de la Fundación "la Caixa" están directamente vinculados a los ODS. Cada año se impulsan más de 50 000 iniciativas que llegan a más de 16 millones de beneficiarios en el mundo, de las cuales 11 millones se encuentran en España.

3- Certificaciones de sostenibilidad o en alianzas para promover los ODS

Certificaciones de sostenibilidad

- Sello Clean CO_2 Certified con código QR que acredita la neutralidad en emisiones y su compromiso y lucha contra el cambio climático.
- Certificación ISO 14001 sobre el sistema de gestión ambiental de todos los equipamientos, certificada por AENOR.
- Certificado Biosphere para el Festival de Cap Roig, que acredita por primera vez la sostenibilidad de un gran evento musical.

Participación en alianzas, colaboraciones y compromisos voluntarios para la promoción del desarrollo sostenible

- Creación del Observatorio de los ODS, centro de análisis creado por la Fundación "la Caixa" en colaboración con un equipo investigador de la Cátedra Liderazgos y Gobernanza Democrática de ESADE.
- Realiza el programa Proinfancia con más de 400 entidades colaboradoras.
- En el programa Incorpora colaboran 532 entidades sociales.
- En el Programa para la Atención Integral a Personas con Enfermedades Avanzadas colaboran 143 hospitales.
- Junto a Gavi, The Vaccine Alliance y en colaboración con ISGlobal, la Fundación "la Caixa" promueve la Alianza para la Vacunación Infantil.
- El programa ARIDA (Acute Respiratory Infection Diagnostic Aid), impulsado en colaboración con Unicef.
- En colaboración con la Fundación Bill y Melinda Gates, impulsa el programa MALTEM, con el fin de acelerar la eliminación de la malaria en el sur de Mozambique.
- MOM: Plan de Innovación para la Nutrición Infantil, impulsado junto al Alto Comisionado de Naciones Unidas para los Refugiados (Acnur o UNHCR), que trata y previene la malnutrición de menores de cinco años refugiados en Etiopía.
- Colaboración con la Fundación Aga Khan en Egipto y Mozambique con programas de formación mixta (en línea y presencial), así como el fortalecimiento de organizaciones de la sociedad civil.

Los programas sociales son prioritarios para la Fundación "la Caixa". El 60 % del presupuesto anual de la entidad está destinado a dichos proyectos. Esto supone que cada año destinan alrededor de 300 millones de euros a dar respuesta a las necesidades más urgentes de la sociedad.

1. La Fundación "la Caixa" pone el foco en aquellos programas dirigidos a ofrecer oportunidades a las personas, especialmente a las más desfavorecidas, con mayor impacto transformador. Es el caso de CaixaProinfancia, centrado en la lucha contra la pobreza infantil (en el año 2019, se atendió a 62 825 niños y niñas); Incorpora, dirigido a facilitar un empleo a personas en situación de vulnerabilidad (98 944 personas atendidas, 43 757 personas integradas, 1356 microempresas creadas); o del Programa para la Atención Integral a Personas con Enfermedades Avanzadas, por citar tres ejemplos. A estos hay que añadir el Programa de Personas Mayores, cuyo propósito es fomentar el envejecimiento activo y saludable.

2. También es prioritario para la Fundación el apoyo a la investigación biomédica. Una de las grandes apuestas en este ámbito es la colaboración con centros e investigadores de referencia para combatir las enfermedades más graves y extendidas.

3. La tercera línea de actuación estratégica es la que engloba la educación y la divulgación cultural y científica, fundamentales para promover tanto el progreso individual y colectivo como la igualdad de oportunidades. Todo, siempre, en plena sintonía con los objetivos de desarrollo sostenible.

- En 2019, la Fundación "la Caixa" impulsó más de 50 000 iniciativas sociales que han llegado a más de 11 millones de personas.

- En 2020, la entidad ha mantenido su presupuesto en torno a los 500 millones de euros. El objetivo primordial es dar respuesta a las necesidades actuales de la sociedad y crear condiciones que mejoren la calidad de vida de las personas más vulnerables.

Desde 2014, y fruto de los cambios legislativos en el sector, la Fundación "la Caixa", además de gestionar de forma directa su acción social, también agrupa, en el holding CriteriaCaixa, las principales participaciones accionariales de la entidad. Los dividendos de las empresas participadas, que abarcan distintos sectores, nutren la acción de la Fundación y garantizan la continuidad de un compromiso social centenario.

4. La RSC y los ODS

Se suele repetir que las empresas contribuyen al desarrollo económico y social actuando de acuerdo con su misión, visión y valores. Pero, en algunos casos, los impactos o las consecuencias de su actuación son negativos, lo que se agrava cuando su tamaño, poder y capacidad de incidencia han aumentado progresivamente de volumen. Esto las ha obligado a ser conscientes de sus responsabilidades y de la necesidad de atender mejor a las expectativas de sus grupos de interés. De este modo, se puede establecer un diálogo fructífero entre lo que las empresas quieren hacer y lo que los grupos de interés esperan (o prefieren evitar) de ellas.

La RSC, al menos en sus inicios, atendiendo a las demandas de los *stakeholders*, permitía mitigar el impacto negativo de las actuaciones empresariales e incluso convertirlas después proactivamente en acciones positivas y en oportunidades. De tal manera que, como indicaba la directora de una gran empresa española, «la RSC nos permite ser una empresa mejor». Esto debería continuar así y, si fuera posible, incluso ampliarlo al conjunto de empresas que aspiran a ser responsables.

La aportación de los ODS, sin ser contradictoria con lo que se acaba de explicar, se sitúa en un plano complementario diferente. Los ODS no indican o aconsejan a las empresas cómo deben hacer para actuar en sintonía con las expectativas de sus grupos de interés. Los ODS, en cambio, sí orientan a las empresas en cómo deberían actuar para estar en sintonía con el mundo, la humanidad y sus principales retos presentes y futuros y en qué aspectos podrían tener en cuenta para incorporar este enfoque en la definición de su estrategia futura. En palabras de dicha directora, «los ODS nos indican cómo contribuir a hacer un mundo mejor».

Dicho de otro modo, la RSC se centra legítimamente en los objetivos particulares, específicos y discrecionales de cada empresa vinculados con sus ámbitos de competencia y en diálogo con sus *stakeholders* particulares. Los ODS, en cambio, se refieren a objetivos comunes, genéricos, establecidos de manera universal, para todas las empresas y para el resto de los actores, coordinados para todos. Los ODS permiten ahora a las empresas transitar «de mi mundo a nuestro mundo» y no son el objeto ni el objetivo de la estrategia empresarial *per se*, sino un nuevo marco a partir del cual (re)definirla. La RSC ayuda a la empresa a ser más responsable, mientras que los ODS ayudan a convertirla en corresponsable de cara a la humanidad y el mundo.

Con esto no se sugiere que RSC y ODS tengan que ir en paralelo como dos lógicas de acción y reporte que no se encuentran. Más bien, se inicia una trayectoria que debería ser de confluencia y que permita afirmar que ahora es posible «hacerlo bien haciendo el bien», hacerlo bien —como empresa— haciendo el bien —para el mundo—.

Por lo tanto, creemos que la principal función de los ODS no consiste tanto en añadir más objetivos o compromisos a las empresas como en modificar la concepción de su papel y función en la sociedad, para incorporar otra manera de comprender la globalización que acabará por concretarse, finalmente, en sus estrategias y actuaciones.

La RSC nos dice que la manera de contribuir de las empresas se circunscribe a los niveles concretos de su radio de acción y a los contextos, modelos de negocio, capacidades y diálogo con los grupos de interés con los que interactúan. Así es y así debería seguir siendo. Los ODS, en cambio, conducen a las empresas a ampliar el sentido de su acción convirtiéndola en «glocal» (local y global) y a saber sintonizar y coordinar sus líneas de actuación con los objetivos mundiales. Por tanto, los ODS no sustituyen en absoluto los múltiples campos concretos de responsabilidad de la empresa (desde el trato a los empleados a la lucha contra la corrupción) ni pretenden explicarle cómo debe comportarse como empresa. Los ODS, en cambio, apelan al «nuevo» rol que deben asumir ahora las empresas como actores corresponsables también del destino del planeta y de los que en él vivimos.

Muchas empresas ya están incorporando referencias a los ODS en su autopresentación corporativa. Pero, como ocurrió con la RSC, la mayoría cuentan —inevitablemente— con una trayectoria incipiente en este ámbito. Y muchos críticos desconfían de su credibilidad, señalando distancias entre los discursos y la realidad. Pero el mayor riesgo no es el de confundir o alejar el discurso de la realidad, sino el de la confusión entre discurso y asimilación o interiorización. Es decir, el discurso de los ODS no es todavía un discurso plenamente asimilado que ya forma parte de la cultura empresarial y de la cual es su expresión.

Lo que se dice sobre los ODS ha comenzado ya a ser discurso organizativo, incluso con indicadores de prácticas organizativas, pero todavía no forma parte mayoritariamente de la cultura organizativa ni constituye un propósito organizativo. Del mismo modo que difícilmente habrá empresas sostenibles si la sostenibilidad no forma parte de lo que se entiende por éxito empresarial, esto se aplica también a los ODS. Por lo tanto, los objetivos vinculados a la Agenda 2030 solo se podrán lograr plenamente si acaban formando parte de un propósito transversal a todos los departamentos de la organización.

5. Las pymes y los ODS

Las pymes son un actor imprescindible para la implementación de la Agenda 2030. Según estimaciones de la Corporación Financiera Internacional (IFC), las pymes representan alrededor del 90 % del tejido empresarial y generan más del 50 % del empleo en todo el mundo. En España, las pymes representan el 99.98 % del tejido empresarial y el 63 % del PIB y generan el 74 % de la ocupación en el país. A pesar de ello, solo el 22 % de las pymes españolas conocen los ODS en profundidad. Sin lugar a duda, si queremos conseguir los ODS para el horizonte 2030, la implicación de las pymes deberá aumentar de forma significativa.

Las pymes y la Agenda 2030: una relación bidireccional

Naciones Unidas reconoce la relevancia de las pymes en relación con la creación de empleo, el crecimiento económico y la reducción de la pobreza y las desigualdades. Estas dimensiones adquieren especial importancia en el contexto de los países en vías de desarrollo, pero resultan igualmente relevantes para los países más desarrollados. Las pymes también representan un potencial foco de innovación y pueden convertirse en agentes de cambio a la hora de lograr el desarrollo sostenible. Los siguientes ODS son aquellos sobre los que la actividad de las pymes tiene un mayor impacto positivo agregado:

- **ODS 1:** fin de la pobreza

- **ODS 8:** trabajo decente y crecimiento económico

- **ODS 9:** industria, innovación e infraestructuras

- **ODS 10:** reducción de las desigualdades

Naciones Unidas, en su actividad relativa a pymes y ODS, centra buena parte de sus acciones en promover mecanismos a escala gubernamental que permitan el desarrollo y la maximización del potencial de estas empresas. Este énfasis en la necesidad de regular e incentivar la actividad de las pymes en relación con los ODS responde a la consideración, por parte de Naciones Unidas, de que las pymes son un actor clave para el éxito de la Agenda 2030. En este sentido, identifican entre los ODS trece metas con un impacto tangible en el desarrollo del tejido de pymes. Y, entre estas metas, destacamos las siguientes como prioritarias, pues están orientadas directamente a este tipo de empresas.

ODS 2: meta 2.3. Para 2030, duplicar la productividad agrícola y los ingresos de los productores de alimentos en pequeña escala, en particular las mujeres, los pueblos indígenas, los agricultores familiares, los pastores y los pescadores, mediante un acceso seguro y equitativo a las tierras, a otros recursos de producción e insumos, conocimientos, servicios financieros, mercados y oportunidades para la generación de valor añadido y empleos no agrícolas.

ODS 8: meta 8.3. Promover políticas orientadas al desarrollo que apoyen las actividades productivas, la creación de puestos de trabajo decentes, el emprendimiento, la creatividad y la innovación, y fomentar la formalización y el crecimiento de las microempresas y las pequeñas y medianas empresas, incluso mediante el acceso a servicios financieros.

ODS 9: meta 9.3. Aumentar el acceso de las pequeñas empresas industriales y otras empresas, en particular en países en desarrollo, a los servicios financieros, incluido el acceso a créditos asequibles, y su integración en las cadenas de valor y los mercados.

ODS 14: meta 14.b. Facilitar el acceso de los pescadores artesanales a los recursos marinos y los mercados.

De este modo, podemos observar que, por una parte, las pymes constituyen agentes de impulso de la Agenda 2030 —especialmente en las dimensiones de los ODS 1, 8, 9 y 10— y, por otra, observamos que existen distintas metas orientadas a potenciar el tejido de pymes como vía indirecta para alcanzar los ODS. Entre estas vías indirectas, traducidas en forma de metas, podemos destacar la facilitación del acceso a financiación, la potenciación de la innovación a través del emprendimiento y el apoyo a los pequeños agricultores. En este contexto, las administraciones públicas comprometidas con los ODS deben incentivar que las pymes se involucren en la Agenda 2030.

El documento *A Guide to Traceability for SMEs*, publicado por el Pacto Global, es una guía útil para pymes a la hora de abordar los ODS a través de la trazabilidad de sus cadenas de valor. La sostenibilidad de la cadena de valor se define como la gestión de los impactos económicos, medioambientales y sociales y la promoción de prácticas de buena gobernanza a través del ciclo de vida de los productos y servicios. El Pacto Global considera la trazabilidad en la cadena de valor una actividad clave para alcanzar los ODS 8 (trabajo decente y crecimiento económico), 9 (industria, innovación e infraestructura) y 12 (producción y consumo responsables).

En este ámbito, la naturaleza de las pymes conlleva desafíos y oportunidades específicos, en comparación con las grandes empresas. Por una parte, su escasez de recursos tecnológicos, humanos o financieros puede hacer más difícil el diseño de sistemas de trazabilidad. Por otra, sus cadenas de valor acostumbran a ser menos complejas y más flexibles, lo que comporta que la resistencia al cambio sea menor. En este contexto, las grandes empresas pueden ayudar a las pymes a identificar los sistemas de trazabilidad más relevantes a escala regional y por sector.

Según el Pacto Global, la trazabilidad puede ayudar a las pymes a mejorar su cuota de mercado y su imagen de marca, pues les ofrece una oportunidad para aumentar precios y verificar y hacer más creíbles sus prácticas de sostenibilidad. Adicionalmente, las pymes también acostumbran a formar parte de las cadenas de valor de grandes empresas en calidad de proveedoras. En este contexto, las políticas de trazabilidad de estas empresas pueden provocar que las pymes se vean obligadas a cumplir ciertos criterios de sostenibilidad o reporte no financiero.

6. LAS EMPRESAS TOMAN LA INICIATIVA

Durante el tiempo de mayor impacto del primer brote de la pandemia, en tan solo dos meses, aparecieron hasta nueve iniciativas lideradas por empresas, CEO o asociaciones empresariales proponiendo y reclamando que los nuevos planes de reactivación económica que deberán impulsar los gobiernos y los organismos internacionales multilaterales no se desvinculen de la importante «transición verde» que deberíamos impulsar durante la presente década.

Estas iniciativas —vehiculadas de manera documental en forma de declaración, manifiesto, carta, artículo o convocatoria— han sido difundidas a través de los medios de comunicación y de las redes sociales. Como reconocía María Mendiluce[1], CEO de la coalición We Mean Business, «las empresas de todo el mundo, incluso cuando están lidiando con los impactos multidimensionales de la COVID-19, reconocen que ahora es el momento para restablecer la economía global, asegurando un futuro que proteja la salud humana al acelerar la transición hacia una economía resiliente y de carbono cero para 2050 a más tardar».

No se trata tan solo de un simple apoyo por parte de las empresas a los gobiernos para garantizar una transición acelerada hacia una economía resiliente y sin emisiones de carbono. En sus documentos (como vemos en la tabla de la página 95), se presentan de manera argumentada estrategias y líneas de actuación que seguir que orientan de manera concreta y operativa las posibles acciones futuras de los gobiernos.

Acción climática empresarial en cifras

*Representando una cuarta parte
de la económía mundial*

Más de 1900
compromisos de empresas
a acciones audaces

Más de 1290
empresas lideran el camino

Más de 890
EMPRESAS comprometidas con
el establecimiento de objetivos
basados en la Ciencia

Más de 70
MULTINACIONALES se
comprometieron a convertir
todas sus flotas de transporte
en vehículos eléctricos

Más de 200
EMPRESAS alineadas con la
Iniciativa de Objetivos Basados
en la Ciencia (SBTi) por 1, 5°

Más de 40
**EMPRESAS DE CONSTRUCCIÓN
Y BIENES RAÍCES** firman la
Iniciativa de Objetivos Basados
en la Ciencia (SBTi)

Más de 20
EMPRESAS ELÉCTRICAS
comprometidas con los
Objetivos Basados en la Ciencia

Más de 240
EMPRESAS que estimulan la
generación de 225 teravatios/
hora (TWh) de demanda de
electricidad renovable al
año, vía RE100 (RE100 es una
iniciativa global que reúne a las
empresas más influyentes del
mundo comprometidas con la
electricidad 100 % renovable)

Más de 40
EMPRESAS ELÉCTRICAS
comprometidas a la acción.

Fuente: We Mean Business Coalition

Lista de documentos de iniciativa o representación empresarial a favor de una reactivación económica «verde» (por orden cronológico)

Fecha	Ámbito	Documento	Representación
14 de abril de 2020	UNIÓN EUROPEA Y ESPAÑA	Declaración de la Alianza para la recuperación verde	Incluye 17 CEO y 28 asociaciones empresariales europeas. En España, esta iniciativa ha sido impulsada, entre otros, por el Grupo Español de Crecimiento Verde.
29 de abril de 2020	ESLOVENIA	Iniciativa para la recuperación económica verde	Red de grandes y pequeñas empresas de Eslovenia y del extranjero con representación de diferentes sectores empresariales.
4 de mayo de 2020	AUSTRALIA	Pandemia, recuperación económica y emisiones de gases de efecto invernadero	Australian Industry Group es un importante grupo empresarial industrial australiano que representa a más de 60 000 empresas.
5 de mayo de 2020	FRANCIA	Poner el medioambiente en el núcleo de la recuperación colectiva	Más de 90 de las empresas más grandes de Francia emitieron un llamado público para que el Gobierno francés priorice la «transición ecológica» del país en sus planes de recuperación económica.
5 de mayo de 2020	GLOBAL	Convocatoria de la Comisión de transiciones energéticas	Coalición de 40 empresas globales, incluidas las grandes empresas de energía. La convocatoria fue realizada por la Comisión de Transiciones Energéticas, una coalición global de empresas en los campos de la energía, la industria y las finanzas.

Fecha	Ámbito	Documento	Representación
19 de mayo de 2020	GLOBAL	Declaración conjunta de 155 grandes compañías	Convocadas por Science Based Targets (SBTi), 155 grandes compañías globales instan a los gobiernos a centrarse en una recuperación ecológica alineada a las respuestas económicas de la COVID-19.
27 de mayo de 2020	DINAMARCA	Objetivos climáticos y participación de la industria en la recuperación económica	Declaración de los presidentes de las «asociaciones público-privadas por el clima» de Dinamarca.
1 de junio de 2020	REINO UNIDO	Carta al primer ministro	Más de 200 empresas, inversores y redes empresariales líderes en Reino Unido piden al Gobierno que presente un plan de recuperación COVID-19, limpio, inclusivo y resiliente, que se alinee con los objetivos sociales, ambientales y climáticos.
1 de junio de 2020	ALEMANIA	Un fuerte programa de estímulo climático para la industria	Documento de posición basado en un diálogo con las principales empresas industriales alemanas interesadas en alcanzar los objetivos climáticos. Representan a los principales sectores del acero, productos químicos, cemento y productos no industriales.

Fuente: elaboración propia

Las principales aportaciones de estos documentos se pueden estructurar en base a tres grandes ejes que proponemos y que recogen las siguientes ideas clave:

1. Modelo de reactivación económica

- Que ayude a acelerar la transición ecológica haciéndola coincidir con el momento de reactivación económica.

- Que desarrolle estrategias integrales para alcanzar las metas de reducción de emisiones en los respectivos sectores de la manera más eficaz, en función de los costes. Ha de permitir avanzar hacia una economía con emisiones netas nulas (o de carbono cero) en 2050 que sitúe el mundo en una trayectoria de no superación de los 1.5 °C.

- Que se base en principios verdes y circulares, y en la digitalización.

- Que ofrezca una recuperación limpia y equitativa, que genere empleo de calidad y construya una economía más sostenible, inclusiva y resistente para el futuro.

- Que invierta en recuperación y resiliencia para una transformación socioeconómica sistémica. Al desinvertir en los combustibles fósiles e innovar en soluciones resilientes y bajas en carbono, estaremos priorizando los empleos verdes y el crecimiento sostenible, protegiendo la naturaleza y las personas, y cumpliendo con la Agenda 2030 y el Acuerdo de París.

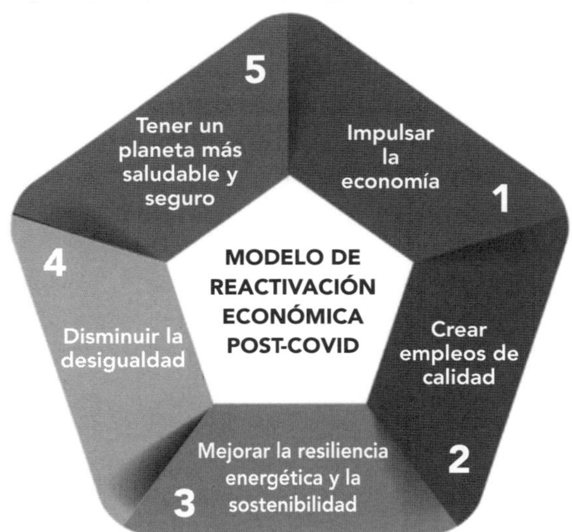

Fuente: elaboración propia

2. Modelo de colaboración público-privado como clave del éxito

- Que permita trabajar colaborativamente con los gobiernos para que estos brinden a las empresas la confianza y claridad que necesitan para tomar medidas climáticas ambiciosas.

- Que esté basado en el diseño de planes de recuperación a medio y largo plazo, con el doble objetivo de estímulo financiero y descarbonización.

- Que establezca de común acuerdo objetivos de reducción de emisiones para 2030 y 2050 concretos y ambiciosos. Una vez esos objetivos se hayan establecido, los gobiernos deberían involucrar a las empresas en el desarrollo de estrategias de descarbonización específicas por sector.

- Que asuma que los líderes empresariales están en la mejor posición para identificar estrategias de reducción de carbono económicamente sólidas dentro de sus propios sectores y que conocen de primera mano lo que necesitan de sus gobiernos para promover las inversiones privadas.

- La totalidad de las empresas firmantes manifiestan su compromiso de apoyar los «planes de estímulo a la transformación» pospandemia, que colocan la lucha contra el cambio climático y la pérdida de biodiversidad en el centro de la política económica de Europa.

3. Plan de medidas basado en los siguientes elementos estratégicos

1. Energías

2. Transporte e infraestructuras de movilidad

3. Edificios

4. Instalaciones y productos industriales

5. Combustibles

6. Sistemas agroecológicos

7. Cadenas de suministro locales

8. Inversiones estratégicas en I+D+I

9. Adquisiciones públicas y políticas fiscales

10. Incentivos, flujos financieros e inversiones

11. Marcos normativos e instrumentos regulatorios

Este plan de medidas incluye:

- Fijar objetivos nacionales ambiciosos de reducción de emisiones para cada sector económico, lo que daría transparencia y certidumbre de largo plazo para las compañías y los inversionistas

- Adecuar las normas para elevar sustancialmente la inversión en tecnologías innovadoras —como bombas de calor, hidrógeno verde y biocombustibles—, a fin de conseguir un mayor desarrollo y despliegue público y privado.

- Establecer objetivos de expansión ambiciosos para la producción de hidrógeno e introducir una cuota de hidrógeno a partir de fuentes de energía renovables, al mismo tiempo que se expande la infraestructura necesaria para el transporte de hidrógeno.

- Reformar las adquisiciones públicas y las políticas fiscales para fortalecer incentivos que promuevan actividades e inversiones bajas en carbono. Las empresas deben asumir la responsabilidad más allá de sus propias emisiones directas, para que sus cadenas de suministro globales impulsen reducciones parecidas.

- Modernizar equipos y respaldar la generación y el almacenamiento local de electricidad, impulsando las redes de electricidad mediante el despliegue de medidores inteligentes y el traslado a los clientes marginales a minirredes; ayudando a cambiar la industria pesada para funcionar con electricidad limpia e hidrógeno; apoyando el almacenamiento de energía; preparando ciudades y corredores importantes para el uso de vehículos eléctricos mediante la instalación o preparación de puntos de carga en estaciones de servicio, en aparcamientos públicos y gubernamentales, y en bloques de apartamentos.

- Crear las condiciones para aumentar significativamente la producción de energías renovables, la electrificación verde y la mejora de la eficiencia energética. Los negocios «amigables con el medioambiente» son buenos negocios: la energía eólica y solar son hoy las opciones más baratas para dos tercios del planeta, y la eficiencia energética mejora la competitividad económica al tiempo que beneficia a los consumidores.

- Motivar las condiciones clave para el cambio energético: a) una inversión masiva en sistemas de energía renovable; b) impulsar el sector de la construcción a través de edificios verdes e infraestructuras verdes; c) apoyar al sector automotriz durante la transición a la movilidad con aire limpio; d) condicionar el apoyo gubernamental a las empresas a los compromisos climáticos; e) brindar apoyo específico a actividades innovadoras con bajas emisiones de carbono; f) acelerar la transición de la industria de los combustibles fósiles; y g) no permitir que los precios del carbono bajen.

- Aumentar el apoyo a corto y medio plazo a los sectores intensivos en creación de empleo y conservación del medioambiente: mejorar la eficiencia energética de viviendas, edificios y oficinas en los sectores público y privado; el desarrollo de la movilidad descarbonizada, los vehículos eléctricos, la infraestructura de movilidad suave y el transporte público; la expansión y almacenamiento de energías eléctricas renovables y la innovación para descarbonizar sectores donde la reducción de emisiones es difícil. En estos sectores, toda iniciativa financiera pública es una palanca poderosa para la inversión privada que los convierte en los mejores candidatos para una recuperación temprana.

- La crisis ha puesto de manifiesto la vulnerabilidad de las cadenas de valor mundiales. El desarrollo de una economía circular y un suministro de alimentos de proximidad, que cuenta con una fuerte demanda por parte de la ciudadanía, forma parte de la solución.

- Impulsar la investigación y la innovación en ámbitos en los que los resultados pueden tener enormes implicaciones a medio y largo plazo. Bien identificadas, las prioridades que promover incluyen la bioeconomía y el hidrógeno y sus usos en el transporte terrestre y aéreo o la reutilización de dióxido de carbono, entre otros.

- Favorecer la concentración de los flujos financieros en la inversión verde y sus oportunidades, dejando de respaldar inversiones con alto contenido de carbono. Incluir en los programas públicos de apoyo financiero medidas para garantizar que las empresas receptoras estén alineadas con los objetivos climáticos nacionales.

- Promover actuaciones empresariales que contribuyan a la protección de la biodiversidad y la transformación de los sistemas agroalimentarios a favor de la agroecología.

1. Propuestas en forma de conclusiones

- **En el escenario post-COVID-19, las empresas son corresponsables de liderar la transformación para alcanzar el desarrollo inclusivo y sostenible descrito en los objetivos de la Agenda 2030, en los Acuerdos de París y en el Green Deal europeo.**

El liderazgo empresarial es crucial para la consecución de los objetivos plasmados en estas iniciativas. Ante la situación de emergencia sanitaria y ecológica que vive el planeta, las empresas tienen que reconocer su corresponsabilidad de aportar e implementar soluciones a los problemas globales y de utilizar su capacidad de innovación para convertir los objetivos sostenibles en oportunidades de negocio.

- **El liderazgo de las empresas sostenibles del siglo XXI se sustenta en la implicación de la alta dirección.**

El reconocimiento de la capacidad de los CEO de vehicular el cambio social y medioambiental ha cobrado mayor importancia en los últimos años. Para hacer frente a los retos que sobrevendrán después de la COVID-19, debe consolidarse una generación de CEO capaces de orientar su empresa desde la autenticidad y la transparencia y de comprometerse con firmeza con la sostenibilidad y el cambio de paradigma económico.

- **Es necesario vincular y alinear las soluciones a la pandemia con los objetivos de desarrollo sostenible, con base en la capacidad de innovación de las empresas.**

  La actividad de la empresa tiene que estar enfocada a la generación de valor económico, compatible con el progreso social y el respeto al medioambiente. La sostenibilidad tiene que situarse en el centro de la reflexión y actuación empresariales, articulando sus principales pilares estratégicos y socializando los ODS en el conjunto de la organización.

- **En momentos de emergencia, hay que aprovechar el potencial de las alianzas para aportar aún más valor al conjunto de la sociedad.**

  Las empresas pueden contribuir a la sostenibilidad más allá de los límites de la propia organización, colaborando con las administraciones públicas, la sociedad civil y las comunidades donde operan. La aportación de valor local a los *stakeholders* puede inscribirse en una visión más amplia de generación de valor para el conjunto de la sociedad y respeto al medioambiente (impacto global).

- **Las empresas pueden colaborar y actuar para frenar los efectos de la crisis sanitaria, laboral y climática, apoyándose en la digitalización y en el potencial de la economía circular.**

  Las empresas deben activar medidas inmediatas en la lucha contra los efectos de la crisis sanitaria, laboral y climática, con el objetivo de conseguir sociedades más sanas e inclusivas y de limitar el calentamiento global en los próximos años. Esto implica consolidar el camino hacia la transición energética y explorar todas las posibilidades que ofrecen la economía circular y la digitalización.

- **Es esencial situar la sostenibilidad en el sistema de gobierno de las empresas y en los criterios seguidos en la toma de decisiones empresariales.**

  En el escenario post-COVID-19, las empresas tienen una ventana de oportunidad para avanzar hacia modelos de gobernanza que incorporen criterios de sostenibilidad. Esto implica, entre otras cosas: asegurar que se establezca la formación y capacitación para las habilidades apropiadas en este ámbito para los miembros de la junta y los directivos; integrar la sostenibilidad en todas las prácticas empresariales y la toma de decisiones; y vincular la remuneración de ejecutivos y directivos con el éxito de las políticas de sostenibilidad.

* **Las empresas tendrán que adoptar un enfoque más amplio en su gestión del rendimiento.**

Las empresas no podrán seguir centrando el análisis del rendimiento (riesgos y oportunidades) exclusivamente en los activos financieros. Tendrán que integrar también los análisis de materialidad, todos aquellos elementos vinculados al capital social y natural, y de esta manera ser rentables a la vez que sostenibles, y viceversa.

2. Seis casos de iniciativa empresarial relacionados con los ODS

Además de las fichas anteriores, los casos que presentamos a continuación ayudan a comprender la aplicación de los ODS en las prácticas de las empresas y la diversidad de iniciativas que impulsan en función del sector de la actividad desarrollada. Muchas de estas iniciativas son innovadoras y muestran *cómo* se ejerce un liderazgo responsable. Junto con los ejemplos anteriores con relación a la COVID-19, demuestran que la emergencia sanitaria no ha disminuido el compromiso de estas empresas con los objetivos de desarrollo sostenible, sino que, más bien, lo ha reforzado, al ser la causa inmediata de incorporar nuevas y originales líneas de actuación.

1. El compromiso de CaixaBank con los ODS

CaixaBank ha hecho público su compromiso con todos los objetivos de desarrollo sostenible que Naciones Unidas incluyó en la Agenda 2030. Contribuye a su logro a través de su actividad, acción social y alianzas estratégicas.

El compromiso de la entidad es asegurar el bienestar financiero de sus clientes e impulsar un modelo de banca socialmente responsable con proyectos detallados —integrados en el Plan Estratégico 2019/2021— para la creación de valor para la sociedad. La entidad prioriza en este plan la inclusión financiera de los colectivos más vulnerables a través del acceso a servicios financieros, el fomento del ahorro y la previsión y políticas activas para mitigar problemas sociales, tan fundamentales como el de la vivienda.

El impacto del bono social

CaixaBank emitió su primer bono social en septiembre de 2019 como apoyo a los ODS —convirtiéndose en el primer banco español que ha desarrollado una iniciativa de este tipo—, con el que ayuda a financiar proyectos que contribuyen a luchar contra la pobreza y a crear empleo en las zonas más desfavorecidas económicamente de España. De esta forma, mantiene su compromiso con las personas, los territorios y el medioambiente mientras contribuye a dar respuesta a los principales retos del entorno.

Esta operación incluye préstamos de MicroBank, el banco social del grupo, a personas y familias cuya suma de ingresos disponibles fuese igual o inferior a 17 200 euros anuales, con el objetivo de financiar necesidades puntuales como gastos en salud, educación, reparaciones en el hogar o adquisición de vehículos. Su contribución a la creación de puestos de trabajo es un elemento clave de los préstamos concedidos. MicroBank, una de las mayores entidades de microfinanzas de Europa, defiende un firme compromiso social a través de su apuesta por ofrecer servicios y productos a colectivos en riesgo de exclusión financiera o social. Además de los microcréditos tradicionales, ha lanzado nuevas líneas de créditos, como préstamos a empresas sociales, ampliando así su actividad a otras finanzas con impacto social.

Una encuesta realizada entre los beneficiarios de los préstamos concedidos en base a la primera emisión del bono social revelaba que el 87 % de las familias consideraban que el apoyo financiero ha tenido un impacto positivo en su bienestar y que, para el 98 %, el crédito ha cubierto la necesidad por la que había sido solicitado. Respecto a los autónomos y emprendedores, la encuesta indica que en un 58 % de los casos consideran que su negocio se ha fortalecido un año después de recibir la financiación.

La integración de los ODS en el negocio, desde el punto de vista de la empresa, puede contribuir a generar beneficios, crear nuevas oportunidades, promover la innovación y la mejora de la reputación, hacer más eficiente la relación de la organización con los grupos de interés y aumentar la eficacia operativa.

Bono Social COVID-19

En el contexto de la crisis sanitaria derivada de la pandemia de la COVID-19, CaixaBank decidió emitir su segundo bono social en julio de 2020 con la finalidad de paliar las evidentes consecuencias económicas y sociales resultantes por la crisis del coronavirus, poniendo el foco en pymes y microempresas radicadas en las regiones españolas más desfavorecidas.

La emisión, bajo el marco de los principios de los bonos verdes, sociales y sostenibles de ICMA, ha colocado 1000 millones de euros en la financiación de pequeñas empresas de zonas donde el PIB per cápita no supera los 19 665 euros anuales y la tasa de desempleo está por encima del 16.69 %. Se trata de regiones que se ubican en el percentil 30 inferior en términos de PIB per cápita o en el percentil 30 superior en términos de tasa de desempleo.

Los fondos captados por el Bono Social COVID-19, con vencimiento a cinco años, se utilizarán para promover el ODS 8 —trabajo decente y crecimiento económico—, que se concreta en facilitar financiación para pymes y microempresas de las regiones con más dificultades económicas. A fecha de 31 de mayo de 2020, se habían identificado 1700 millones de euros elegibles, correspondientes a proyectos que potencialmente podrían tener acceso a estos recursos según los criterios definidos por CaixaBank para mitigar el impacto de la COVID-19.

El éxito de la segunda emisión ha quedado reflejado en la demanda, que ha superado los 3000 millones de euros, y en la elevada calidad de esta. De acuerdo con los bancos que han participado en la operación, el 72 % de los bonos han sido adjudicados a inversores reconocidos en el mercado como socialmente responsables (SRI) y, entre ellos, el 56 % cuentan con el mayor reconocimiento en inversión responsable.

Creación de empleo

La emisión del bono responde a la voluntad de buscar fondos para financiar proyectos con impacto social positivo. La concesión de préstamos destinados a familias o para la creación o expansión de proyectos empresariales tiene un impacto directo en la mejora de la situación personal, laboral y económica de las personas, así como en el crecimiento de las empresas que los solicitan y, al mismo tiempo, contribuye a la creación y el mantenimiento de empleo. Para comprender el impacto de estos préstamos en la sociedad, CaixaBank se ha comprometido a medir el impacto del bono y a realizar informes periódicos auditados.

En el caso de autónomos, microempresas y pymes, más de la mitad de las actividades financiadas han conseguido ser más sólidas y valiosas.

La primera emisión del bono social se dirigió a cubrir el ODS 1 —fin de la pobreza—, facilitando el acceso a servicios financieros a personas y familias en riesgo de pobreza o situación de vulnerabilidad, y el ODS 8 —trabajo decente y crecimiento económico—, concediendo financiación a autónomos, microempresas y pymes situadas en las regiones económicamente más desfavorecidas. Los resultados de esta primera emisión fueron muy satisfactorios para la consecución de sus objetivos. Se colocaron 1000 millones de euros en un bono, en base al cual se concedieron más de 160 000 préstamos. La mitad de los fondos se han dedicado al ODS 1 y la otra mitad al ODS 8.

Un aspecto importante que tener en cuenta es la contribución de los negocios de autónomos, emprendedores, microempresas y pymes financiados por los préstamos derivados del Bono Social de CaixaBank a la creación de ocupación. En este sentido, se estima que los negocios financiados con créditos derivados del primer Bono Social han creado cerca de 3000 puestos de trabajo directos, a los que hay que añadir más de 4300 empleos indirectos y unos 3900 inducidos. En total, más de 11 000 puestos de trabajo creados con la contribución de esta iniciativa de CaixaBank.

El éxito en el lanzamiento de los bonos sociales radica en el trabajo en equipo de diversas áreas de CaixaBank, cuyos responsables están plenamente satisfechos con la labor desarrollada y de su impacto en la sociedad.

2. Iberdrola: invertir en futuro para que todos salgamos reforzados de la crisis

Iberdrola es una empresa que genera, distribuye y comercializa electricidad y gas natural. La compañía es líder mundial en renovables y una de las principales *utilities* del mundo por capitalización bursátil.

«Ponerse en marcha y empezar a pensar en el futuro desde los primeros momentos de la crisis sanitaria» fue la determinación que tomó Iberdrola ante la crisis económica y la caída del empleo que se veía venir ya al inicio de la pandemia, de forma que, además, no se interrumpiese el camino iniciado hacia el cumplimiento de la Agenda 2030, con la que el grupo está absolutamente comprometido.

Iberdrola decidió que su actividad no podía detenerse por dos motivos principales: en primer lugar, porque presta un servicio esencial para el ciudadano y los centros sanitarios y, en segundo lugar, porque ejerce como tractor económico que sostiene cientos de miles de empleos en todo el mundo.

Así, durante su Junta General de Accionistas, la primera 100 % telemática de la historia, Iberdrola anunció su decisión de acelerar inversiones en este ejercicio para contribuir de una forma sostenible a la recuperación de la economía y del empleo. Como resultado de este compromiso, Iberdrola alcanzará este año el récord de 10 000 millones de euros invertidos, fundamentalmente en nuevas renovables y redes, en línea con la estrategia del grupo y con su apuesta inequívoca por una recuperación verde.

De este modo, pisando el acelerador de las inversiones, Iberdrola sienta las bases para la recuperación y el futuro, también desde el punto de vista del empleo. Según sus estimaciones, la compañía debería realizar 5000 nuevas contrataciones en todo el mundo durante el año 2020. Adicionalmente, la empresa está formando ya a los nuevos perfiles del futuro, estrechamente relacionados con la economía verde y la digitalización, en línea con las directrices que llegan desde Europa y con las tendencias globales: instalación y mantenimiento de plantas fotovoltaicas y marinas, control remoto, realidad aumentada, análisis de datos..., todo un universo derivado de las llamadas disciplinas STEM, que jugarán un papel fundamental en el nuevo modelo económico post-COVID.

La compañía, que roza ya los 40 000 empleados, también se fijó como objetivo dar visibilidad a su red de proveedores desde los primeros momentos de la crisis sanitaria. Como resultado, decidió adelantar sus pedidos para insuflar aire a todas las empresas que le dan suministro y, al cierre del primer semestre del año 2020, había realizado compras por valor de 7000 millones de euros. Con ello, la empresa contribuye a mantener 400 000 empleos en todo el mundo.

Si se tiene en cuenta solo el primer trimestre de 2020, coincidiendo con la irrupción global de la primera oleada del coronavirus, Iberdrola adelantó pedidos a más de 10 000 proveedores por valor de casi 4000 millones de euros, el 75 % de ellos en el mes de marzo. La aceleración de estas contrataciones de equipos, materiales, obras y servicios por parte del grupo equivale al mantenimiento de 700 empleos a tiempo completo cada día. De los pedidos realizados en los tres primeros meses del año 2020, un 24 % se realizaron a empresas ubicadas en España, por un total de más de 940 millones de euros.

Es importante destacar, además, que, en línea con su compromiso con la Agenda 2030, los proveedores del Grupo Iberdrola son evaluados a partir de un nuevo modelo organizado en torno a los tres ejes fundamentales de la sostenibilidad: los criterios ASG (ambiental, social y gobierno corporativo). En concreto, de la información valorada que aportan los proveedores de la compañía, la ambiental representa un 40 % (políticas, sistemas de gestión, GEI, biodiversidad, cambio climático y gestión del agua); la social, un 30 % (derechos humanos, diversidad, sistemas de gestión, contribución a la sociedad y *reporting* y transparencia); y la de gobierno, un 30 % (políticas, ODS, ética y cumplimiento, sanciones, grupos de interés y cadena de suministro).

Aire de mar para oxigenar a los proveedores españoles

Durante el mes de julio de 2020, Iberdrola adjudicó a un consorcio formado por la españolas Navantia y Windar el mayor contrato de energía eólica marina de su historia, por valor de 350 millones de euros.

Con este contrato, cerró el encargo para la construcción de 62 *jackets* —plataformas que sustentan los aerogeneradores marinos— y de los pilotes necesarios para el parque eólico *offshore* de Saint-Brieuc que la energética desarrolla en aguas de la Bretaña francesa.

En concreto, el acuerdo comprende la fabricación de los *jackets* por parte de Navantia en sus instalaciones en Fene (A Coruña) y de los pilotes por parte de Windar en su sede de Avilés (Asturias). El ensamblaje final de todos los subconjuntos se realizará en las instalaciones de los astilleros gallegos.

Y es que el de los astilleros es un claro ejemplo de cómo la transición hacia una economía baja en carbono impulsa la transformación de industrias tradicionales, reconvirtiéndolas para hacer frente a las demandas de un nuevo modelo basado en la electrificación. Se demuestra, de este modo, cómo la recuperación verde puede ser un polo de reindustrialización y sostenibilidad.

Más renovables para una recuperación verde

A lo largo del primer semestre del año 2020, Iberdrola puso en marcha 4900 nuevos megavatios, potencia equivalente casi a una tercera parte de la capacidad renovable que la compañía opera actualmente en España, donde es líder absoluto del sector.

Un ejemplo de cómo Iberdrola y su equipo han logrado adaptarse y salir airosos de las dificultades derivadas del estado de alarma y la crisis sanitaria fue la puesta en marcha de la planta fotovoltaica Núñez de Balboa, la mayor de Europa de este tipo. Esta instalación, ubicada en la provincia de Badajoz, inició el vertido de energía a la red eléctrica en un momento crítico de la pandemia: el 6 de abril de 2020.

También destaca, entre las operaciones llevadas a cabo durante la crisis sanitaria, la llegada de palas al puerto de Bilbao para su posterior instalación en el parque eólico Puylobo, en Aragón. Si el transporte de este tipo de piezas ya es complicado en circunstancias normales, traerlos por mar en medio de una pandemia global fue todo un ejemplo de planificación, organización y negociación.

Otro de los hitos de Iberdrola en su desarrollo de la energía renovable en España durante estos últimos meses ha sido la finalización de la construcción de la primera planta fotovoltaica de la compañía en Andalucía: el Andévalo. Con una potencia instalada de 50 MW, se ubica dentro del mayor complejo eólico de Europa continental y garantizará el suministro de electricidad verde a las cuatro fábricas de Heineken España y sus oficinas. Esta planta evitará la emisión a la atmósfera de más de 100 000 toneladas de CO_2 al año y contribuirá a reactivar la actividad económica y el empleo de la zona.

Todas estas nuevas instalaciones se enmarcan en la apuesta de la compañía por reforzar la inversión en generación de energía limpia en España, con la instalación de 3000 nuevos MW para 2022. Hasta 2030, las previsiones del grupo apuntan a la instalación de 10 000 nuevos MW. El plan permitirá la creación de empleo para 20 000 personas.

Tampoco fuera de España Iberdrola ha detenido su engranaje. La compañía ha puesto en marcha recientemente su mayor parque eólico: East Anglia ONE, en aguas de Reino Unido. Con este hito, ha vuelto a demostrar las oportunidades de una recuperación verde, incluso pese a la pandemia. Esta instalación puntera, que cuenta con 714 megavatios de potencia, ya produce energía limpia para 630 000 hogares, tras haber invertido 2500 millones de libras y generado 3500 empleos durante su construcción. Además, emplea de forma directa a 100 profesionales cualificados, que se ocupan de gestionar su operación y mantenimiento.

A pesar de la complejidad del entorno, East Anglia ONE ha cumplido los plazos que Iberdrola se había fijado cuando arrancó el proyecto. De hecho, alrededor del 20 % de la instalación de las turbinas se realizó durante el período de confinamiento en Reino Unido, lo que obligó a la compañía y a sus profesionales a cambiar su operativa de trabajo: se habilitaron embarcaciones más pequeñas para reducir al máximo el tamaño de las tripulaciones, se crearon espacios de convivencia entre profesionales para evitar contacto con personas ajenas al proyecto y se desarrollaron protocolos de salud específicos, evitando cambios en los equipos.

3. Repsol y la Agenda 2030

Repsol se autodefine como una compañía multienergética global, centrada en el cliente y que apuesta por un modelo energético de cero emisiones netas.

La compañía ha asumido en su estrategia el mandato de Naciones Unidas explicitado en la Agenda 2030: transformar nuestro mundo para lograr un desarrollo sostenible. Repsol cuenta con una estrategia sólida en sostenibilidad articulada en seis ejes de actuación: 1) ética y transparencia; 2) personas; 3) operación segura; 4) medioambiente; 5) cambio climático; 6) innovación y tecnología. Anualmente, a través del Plan Global de Sostenibilidad, Repsol se compromete a más de 35 iniciativas anuales y objetivos de medio plazo que están alineados con la Agenda 2030. Todas estas iniciativas se despliegan en más de 20 planes locales de sostenibilidad con más de 200 acciones anuales.

Forma parte también de la cultura Repsol la convicción de que la manera más eficiente de contribuir a esta agenda global es colaborando con todo tipo de entidades, tanto públicas como privadas. Por ello, el ODS 17 —alianzas para lograr los objetivos— juega también un papel destacado en su estrategia.

En octubre de 2020, su presidente se reafirmó en la defensa de cuatro pilares básicos: «sostenibilidad, cero emisiones de carbono, gran compañía de generación renovable y el cliente como responsable de sus decisiones energéticas».

Objetivos y principales acciones para la reducción de emisiones de carbono en Repsol

- La eficiencia operacional para la descarbonización de las emisiones de sus instalaciones es una de las vías con mayor potencial para mitigar las emisiones de gases de efecto invernadero (GEI). Implica un proceso continuo de búsqueda de oportunidades en los ámbitos de tecnología, diseño, y procedimientos de operación y mantenimiento. En concreto, considera los planes de reducción que involucran a las diferentes unidades de negocio y la eficiencia operativa derivada de la gestión de las emisiones de metano como la reducción de la quema de gas en antorcha y el venteo en sus activos *upstream*.

En 2020 Repsol ha finalizado con éxito su plan de reducción 2014-2020 consiguiendo una reducción de 2.3 Mt CO2e, por encima del objetivo establecido de 2.1, y ha definido un nuevo plan para el periodo 2021-2025 con el objetivo de conseguir una reducción adicional de 1.5 millones de toneladas de CO2 en 2025. Para este nuevo plan se engloba la electrificación, el consumo energético, la reducción de la intensidad de las emisiones de metano (emisiones de metano por gas producido) y del *flaring* rutinario.

Desde 2016 Repsol está adherida a iniciativas internacionales para apoyar objetivos de reducción de la intensidad de emisiones de metano (un 25 % a 2025 respecto del dato de 2017) y del *flaring* rutinario (un 50 % a 2025 respecto de 2018). Dichas iniciativas se circunscriben en el ámbito del E&P y son O&G Methane Partnership de UNEP y *Zero Routine Flaring by 2030* del Banco Mundial.

- Repsol visualiza una transformación del portafolio del negocio de exploración y producción centrado en una gestión de cartera basada en barriles de ciclo corto y menos intensivos en carbono.

- La apuesta por los combustibles de bajo carbono, tanto líquidos como gaseosos, claves en la descarbonización de segmentos tan importantes como el transporte y la industria, entre otros, como son los biocombustibles avanzados, *el biogás* a partir de residuos orgánicos y los combustibles sintéticos. Repsol se convertirá en líder en biocombustibles sostenibles, con una capacidad de producción de 1.3 millones de toneladas en 2025 y de más de 2 millones en 2030.

Como ejemplo de los compromisos mencionados, está el proyecto de biocombustibles avanzados que Repsol va a llevar a cabo en su refinería de Cartagena. La planta estará operativa en 2023 y proporcionará una producción de 250 kt/año de biocombustibles que permitirá evitar la emisión de 900 kt CO_2/año.

Otra de las apuestas claras será la producción de hidrógeno renovable, que con la captura y uso del CO_2 generará combustibles sintéticos. La compañía tiene una clara ambición de convertirse en el líder en la Península Ibérica, alcanzando una producción equivalente a 400 MW en 2025 y con la ambición de superar 1.2 GW en 2030.

En este sentido, en su refinería de Petronor (Muskiz), llevará a cabo la construcción de una de las mayores plantas del mundo de producción de combustibles sintéticos de cero emisiones netas a partir de hidrógeno renovable y CO_2 capturado de la propia refinería. La principal característica de estos combustibles neutros en carbono es que podrán utilizarse en motores de combustión como los que se instalan actualmente en los automóviles en España y en todo el mundo, y también en aviones o camiones y en otras aplicaciones.

Como empresa energética integrada, implementa activamente la economía circular en todos los países en los que opera y en toda su cadena de valor, desde la obtención de materias primas hasta la comercialización de productos y servicios. Dentro de este marco, el negocio químico se orienta a la economía circular introduciendo material proveniente del reciclado, como materia prima que sustituye a las materias primas tradicionales. Además, se ha comprometido a reciclar en 2030 el equivalente al 20 % de su producción de poliolefinas.

* Repsol aspira a convertirse en uno de los principales actores internacionales en el ámbito de las energías renovables y a consolidar su posición en la generación de electricidad de bajas emisiones. Ha establecido un objetivo de 7500 MW de capacidad de generación de energía de bajas emisiones con un incremento hasta los 15 000 MW en 2030. Actualmente cuenta con una capacidad total instalada de generación baja en carbono de 2952 MW y más de 2300 MW en desarrollo.

La compañía cuenta con siete proyectos de energías renovables en la península ibérica: 1) Delta, parque eólico ubicado en Aragón con 335 MW, entrará en operación a finales de 2020; 2) el parque fotovoltaico Kappa, en Ciudad Real; y 3) el parque fotovoltaico Valdesolar, en Badajoz. La suma de estos dos proyectos supondrá casi 400 MW en operación en 2021. Además, Repsol incluye dos proyectos eólicos: 4) Delta 2, ubicado en Aragón con 860 MW; 5) el proyecto PI, ubicado en Palencia y Valladolid, que contará con 175 MW; y 6) otro fotovoltaico en Cádiz (Sigma) de 204 MW. Por último, 7) la compañía también participa en el parque eólico flotante Windfloat Atlantic, en la costa norte de Portugal, con una capacidad total instalada de 5 MW.

Repsol ha avanzado también en su expansión internacional en energías renovables con la firma en julio de 2020 de un acuerdo con el Grupo Ibereólica Renovables, que le da acceso a una cartera de proyectos en Chile, donde la compañía tiene en operación y desarrollo más de 800 MW.

* A largo plazo, la incorporación de los nuevos avances tecnológicos y los sumideros de carbono serán elementos fundamentales para un futuro neutro en carbono. Por ello, tecnologías como la captura, uso y almacenamiento del carbono (CCUS) se hacen imprescindibles en la estrategia de descarbonización de Repsol. Participa en el desarrollo de estas tecnologías como miembro del fondo OGCI Climate Investments. Además, Repsol llevará a cabo un proyecto de CCS en Indonesia, en el campo de Sakakemang, para capturar en sus instalaciones una cantidad estimada de 1.6 $MtCO_2$/año.

Los sumideros naturales de carbono, como los bosques, los suelos y los humedales, también contribuirán de manera fundamental a la transición hacia un escenario neutro en emisiones en 2050. Contarán como una palanca complementaria para compensar aquellas emisiones difíciles de reducir cuando las principales palancas de mitigación no sean suficientes para este propósito. En este contexto, Repsol puso en marcha en marzo de 2020 una iniciativa voluntaria de compensación de emisiones a través de su aplicación de pago digital, ofreciendo a sus clientes la oportunidad de neutralizar las emisiones de CO_2 derivadas del uso del producto suministrado por Repsol. Estos proyectos deben promover el desarrollo sostenible a través del incremento de los sumideros naturales de carbono, de manera que se aumente la capacidad de secuestrar y evitar CO_2 a la atmósfera.

Por otro lado, Repsol Impacto Social, empresa participada al 100% por Fundación Repsol, ha llegado a un acuerdo con Land Life Company y el Grupo Sylvestris, empresas líderes en reforestación, para constituir una *joint venture* para el desarrollo de grandes reforestaciones y bosques en España, Portugal y Latinoamérica.

Por último, la compañía cuenta con mecanismos internos para incentivar las acciones de descarbonización como el precio de carbono, un elemento esencial de las políticas climáticas. Repsol está convencida de que fijar un precio global del carbono y aplicarlo de forma homogénea a todos los sectores es la mejor herramienta en la toma de decisiones. La senda interna de precios de CO_2 parte de 25 \$/tonelada de CO_2 en 2018 con un incremento progresivo hasta 40 \$/tonelada de CO_2 en 2025.

Asimismo, dispone de un análisis interno para calificar las inversiones compatibles con el Acuerdo de París, que busca impulsar acciones e inversiones bajas en emisiones de carbono que contribuyan sustancialmente a los objetivos de reducción de emisiones de la compañía.

A pesar del difícil contexto actual provocado por la crisis de la COVID-19, la compañía sigue reafirmando su compromiso para continuar liderando y acelerar la transición energética a través de todas las soluciones tecnológicas posibles, en línea con el Acuerdo de París y los objetivos de desarrollo sostenible de Naciones Unidas.

4. La economía circular en Leroy Merlin

En 2019, Leroy Merlin definió su Política de Medio Ambiente, alineada con los ODS, centrada en tres ejes de trabajo: consumo responsable, economía circular y cambio climático.

La compañía ha incorporado la economía circular en sus procesos, minimizando el consumo de recursos; fomentando el uso de materiales reciclados o reutilizados; impulsando la reparación; cumpliendo su Estrategia de Gestión de Residuos; y potenciando un *packaging* más sostenible.

Leroy Merlin España recicla actualmente el 79 % de los residuos que genera. Pero el desafío no es reciclar el 100 %, sino consumir un 20 % menos. Esto se traslada al diseño de sus productos, algunos ya fabricados con plástico, madera o textil reciclados. Pretenden reducir, de la mano de sus proveedores, entre un 20 % y un 30 % de todo el cartón y el plástico que utilizan, impulsando la eficiencia de los recursos naturales, reduciendo el uso de plástico no reciclable, eliminando las bolsas de plástico y fomentando el reciclaje, la reparación y la reutilización.

Ámbitos de trabajo donde se aplica la economía circular

- *Packaging* **sostenible y ecodiseño:** El objetivo es crear envases ecológicos desde su concepción, aumentando la reciclabilidad y reduciendo el plástico de los envases, todo ello en colaboración con los proveedores. Para abordar estos retos, en 2019 se llevó a cabo un estudio junto al Centro Tecnológico GAIKER con el objetivo de identificar potenciales medidas de ecodiseño y áreas de trabajo para reducir el plástico de los envases de los productos Leroy Merlin. Se creó, además, una guía práctica que, a través de árboles de decisión, guía de forma ágil a sus colaboradores y proveedores para que puedan impulsar la sostenibilidad de los envases. Esta guía es pública y accesible para todo el que desee consultarla en su web.

- **Envases ecológicos desde su concepción:** Para abordar estos retos, en 2019 se llevó a cabo un estudio junto al Centro Tecnológico GAIKER con el objetivo de identificar potenciales medidas de ecodiseño y áreas de trabajo para reducir el plástico de los envases de los productos Leroy Merlin. Se creó, además, una guía práctica que, a través de árboles de decisión, guía de forma ágil a sus colaboradores y proveedores para que puedan impulsar la sostenibilidad de los envases. Esta guía también es pública y accesible para todo el que desee consultarla en su web.

- **Trabajo colaborativo con los proveedores para encontrar soluciones más sostenibles:** Al ser una empresa de distribución y no de fabricación, implicar a los proveedores es clave para alcanzar los objetivos y conseguir un *packaging* más sostenible. Por eso, han llevado a cabo diferentes mesas técnicas con proveedores, expertos del sector, asociaciones ambientales y otros grupos de interés con los que se busca establecer un diálogo que impulse soluciones más sostenibles.

El 100 % de los envases de pintura interior de marca propia ya cuenta con todos los envases de plástico reciclado y trabajan para que todos los de sus proveedores también lo sean.

«En Leroy Merlin estamos altamente involucrados en la reducción del uso ineficiente y contaminante del *packaging*. Para ello, trabajamos en dos líneas prioritarias, la reducción de material en el *packaging* y la utilización de material reciclable. Hemos avanzado mucho, contando con todos los actores de la cadena de valor, los proveedores, los fabricantes de envases, ADEO, grupo internacional al que pertenecemos... Ya contamos con varias colecciones de producto a disposición de nuestros clientes que consumen pintura con 98 % de envases en plástico reciclado y reciclable», comenta Eduardo Nussio, director de Mercado de Materiales de Construcción y Pintura.

- **Residuos y reciclaje: estrategia de gestión de residuos 2019-2022:** Leroy Merlin España cuenta con un modelo de gestión de residuos implantado para la segregación de residuos en tienda. Para ello, dispone de un responsable en cada tienda y de una coordinadora de residuos. En 2019, trabajaron en la elaboración y puesta en marcha de una nueva Estrategia de Gestión de Residuos para el período 2019-2022, con líneas de actuación basadas en la jerarquía de tratamiento de residuos: prevención, reutilización, reciclado, valorización y eliminación. En 2020, su prioridad es mejorar la trazabilidad de los materiales, así como la segregación en tienda, y definir acciones que impulsen la economía circular.

Este plan les ha permitido mejorar la trazabilidad del residuo, transformar en recursos los residuos al convertirlos en nuevos productos reciclados y crear sinergias con otras empresas, formando un ecosistema de inteligencia colectiva. Dicho plan tiene tres ámbitos de actuación:

1. Consumidor: indicaciones para un correcto reciclaje de envases y productos.

2. Visitante en los puntos de venta: puntos de recogida de residuos especiales, como lámparas y fluorescentes, pilas y residuos de aparatos eléctricos y electrónicos.

3. Leroy Merlin: recogida selectiva en el 100 % de las tiendas y centros logísticos con objetivos de mejora continua en su gestión.

- **Nuevos productos con materiales de origen reciclado:** La compañía tiene una amplísima gama de productos sostenibles que permite ahorrar agua y energía gracias a las soluciones energéticas más innovadoras, conseguir un hogar más saludable y armónico, así como conservar los bosques. Todas estas opciones ecosostenibles están bajo la gama Eco Opciones, han sido refrendadas por ECODES (Fundación Ecología y Desarrollo) y disponen de certificaciones ambientales como FSC, PEFC o Madera Justa para los productos de madera, así como Ecolabel y Made In Green para otro tipo de productos. Las ventas de Eco Opciones supusieron casi un 18 % del total en el año 2019.

  También están integrando los principios de la economía circular en su oferta de productos hechos con materiales reciclados y su objetivo es reforzar esta gama. Actualmente cuentan, entre otros, con estos productos.

- **Cortina elaborada con plástico reciclado:** Elaborada a partir de hilo 100 % reciclado fabricado a partir de botellas de plástico, esta cortina cuenta con el sello Global Recycled Standard (GRS), un certificado internacional que fija requisitos para la certificación por parte de terceros de contenido reciclado, prácticas sociales, medioambientales y restricciones químicas. Una cortina de este tipo equivale a diecisiete botellas de plástico.

- **Aislante ecológico:** Producto reciclado para el aislamiento acústico y térmico del hogar que, a su vez, es entre un 85 % y un 100 % reciclable. Es un producto que cumple con todos los requisitos para casas sostenibles, como aislante ecológico, ofreciendo además un rendimiento muy superior a otros materiales.

- **Logística inversa de cartón, plástico y palés de madera:** Las tiendas retornan por logística inversa los soportes de madera en buen estado para su reutilización. En 2019, se reutilizaron 24 611 toneladas, alargando así su ciclo de vida útil.

En paralelo, el 80 % de las tiendas cuentan con un modelo de logística inversa para los residuos de cartón y plástico film, instalando prensas verticales que ahorran espacio y facilitan la logística centralizada de estos residuos.

Estas agrupaciones de residuos se convierten así en subproductos de valor que vuelven al mercado a través de su venta, evitando así que acaben en los vertederos. Para su traslado, aprovechan los trayectos de vuelta de los camiones, junto con los soportes de madera, lo que permite reducir la huella de carbono. En 2019, se recuperaron 5756 tonelada de cartón y 742 toneladas de plástico.

Estos son algunas de las iniciativas llevadas a cabo por Leroy Merlin:

Ver vídeo:
Leroy Merlin, economía circular
(ODS 12)

Ver vídeo:
Leroy Merlin, sensibilización
infantil «Hazlo verde».

Ver vídeo:
Leroy Merlin, gestión de
residuos.

Proyectos futuros

- Proyectos enfocados a mejorar sus procesos, como conseguir tener trazabilidad del 100 % de los residuos hasta su destino final de reciclado y fomentar su incorporación a productos de la compañía.

- Pretende impulsar la reparabilidad y la reutilización, extendiendo la duración de la garantía de sus productos, facilitando su reparación e impulsado la reutilización o el reciclaje de productos destinados inicialmente a destrucción.

- Ha puesto en marcha el proyecto Residuos Cero, mediante el cual busca conseguir valorizar toda su basura para evitar que toda ella tenga como destino el vertedero.

«En estos treinta años de historia en España, hemos aprendido que debemos ser nosotros los que fomentemos el cambio. La preocupación por el medioambiente es una de esas inquietudes. En Leroy Merlin estamos dispuestos a seguir avanzando para que las cosas cambien. No esperaremos a que lleguen las legislaciones sobre sostenibilidad y no quede otra que reaccionar. Nos anticipamos», apunta Rodrigo de Salas, director de Comunicación, Identidad Corporativa y Negocio Responsable.

5. BASF: química para un futuro sostenible

BASF es una compañía multinacional líder del sector químico mundial. La empresa alemana, que nació hace ya más de 150 años en Ludwigshafen, tiene presencia en todo el planeta y está formada por un equipo de 120 000 personas que investigan y desarrollan productos que persiguen hacer un mundo más sostenible.

La compañía tiene el desarrollo sostenible en el centro de su propuesta de valor y lo ha incorporado en su propia marca: «BASF, creamos química para un futuro sostenible». BASF conmemoró en 2019 el 25 aniversario de la aplicación de su estrategia global de sostenibilidad. Con la denominada Visión 2010, la empresa fue una de las primeras en el mundo en comprometerse públicamente con el desarrollo sostenible, y sus negocios comenzaron a incluir aspectos intrínsecos de sostenibilidad, por medio del análisis de la ecoeficiencia (1996).

Aportaciones destacadas

- **En toda la cadena de valor:** Una de las iniciativas que destaca es Together For Sustainability. El objetivo que motivó la creación de TFS fue, ya en 2011, la estandarización global de las evaluaciones y auditorías de proveedores. Esto significa desarrollar e implementar un programa de participación de proveedores global que evalúe y mejore las prácticas de abastecimiento sostenible. De esta manera, se facilita el cumplimiento y la evaluación del proveedor, a la vez que se le acompaña en el camino para conseguir mejorar sus estándares en materia de sostenibilidad. Ya en 2015, BASF auditó un total de 135 grandes proveedores e inició 1044 evaluaciones de sostenibilidad.

- **Integración y circularización:** BASF ha trabajado históricamente con procesos integrados que fomentan el reaprovechamiento de los residuos para otras producciones. Este concepto facilitó que, entre 1990 y 2018, la compañía consiguiera multiplicar por dos su producción, a la vez que redujo a la mitad las emisiones de CO_2 a la atmósfera.

Estos objetivos de compromiso con el planeta han ido evolucionando con el paso de los años, aumentado sus niveles de ambición, hasta llegar, por ejemplo, a los objetivos no financieros que presentó la compañía en 2019. «BASF se compromete a mantener las emisiones de gases de efecto invernadero en los mismos niveles de 2018 hasta el 2030 —incluso con un objetivo de crecimiento considerable de la producción anual—», explicó el CEO de la compañía, Martin Brudermüller, en enero de 2019. «Esto significa que desvincularemos nuestras emisiones de gases de efecto invernadero del crecimiento orgánico». El objetivo incluye planificar mayores inversiones, como el nuevo centro de producción integrada (Verbund) en la provincia de Guangdong, en el sur de China. Para conseguirlo, BASF mejorará la gestión, eficiencia e integración de sus plantas y, allí donde sea posible, adquirirá mayor proporción de energías renovables. «Dados los ya muy altos estándares tecnológicos de nuestras plantas, este será un objetivo ambicioso que requerirá de una creatividad excepcional para hacer cosas de manera diferente», dijo Brudermüller.

Uno de los proyectos de alta creatividad e innovación que BASF ha presentado ha sido Chemcycling, basado en el reciclaje químico de los residuos plásticos. Con esta iniciativa, BASF da una segunda vida a los residuos plásticos complejos, que hasta ahora solo podían terminar en un vertedero o en la incineradora. Gracias a Chemcycling, estos se convierten en aceite mediante un proceso de pirólisis que los convierte otra vez en materia prima y los devuelve al inicio de la cadena de producción, a la vez que reduce la necesidad de recurrir al planeta para buscar recursos fósiles. Con este proceso, ya se están llevando a cabo proyectos para distintas industrias, como la de automoción.

Con esta misma tecnología, BASF ha desarrollado un proceso de reciclaje químico para colchones usados. En este sentido, la multinacional química ya ha comenzado a realizar pruebas piloto en el centro de Schwarzheide, en Brandeburgo, Alemania. Los materiales de colchones viejos se reciclan de tal manera que pueden usarse para la producción de colchones nuevos. El objetivo es recuperar las materias primas con una calidad comparable a la de las materias primas no recicladas. El fin último es la máxima circularización de los recursos, que empieza con el diseño inteligente de los productos y se extiende hasta las maneras creativas de mantenerlos en el sistema por el mayor tiempo posible mediante su reaprovechamiento, reparación y reciclado al final de su vida útil.

- **Soluciones sostenibles para los clientes:** En 2015, BASF decidió clasificar todas sus aplicaciones de productos en el mercado en función del rendimiento sostenible cuando llegan al cliente. Esta clasificación pasó a denominarse *sustainable solution steering*, que ubica los productos de BASF en cuatro categorías, según los beneficios de sostenibilidad que aportan al cliente. Actualmente ya se han evaluado bajo este prisma más de 50 000 aplicaciones de producto distintas que BASF tiene en el mercado y se han contabilizado más de 14 000 como «aceleradores», el nombre que recibe la categoría de productos que más rendimiento de sostenibilidad ofrece. Estos suman cerca del 30 % del total y en 2019 representaron unas ventas de 15 000 millones de euros para la empresa a nivel global. En los objetivos no financieros de la empresa antes mencionados, la compañía se compromete a hacer crecer esta cifra hasta los 22 000 millones en 2025.

- **Cápsulas de café compostables:** Uno de los proyectos pioneros con estos aceleradores fue el que llevaron a cabo BASF y Cafès Novell en España, sacando al mercado las primeras cápsulas de café biodegradables y compostables gracias a ecovio®, un biopolímero de la multinacional alemana. Estas cápsulas, a diferencia de las fabricadas con aluminio o plásticos convencionales, se pueden desechar directamente a la fracción orgánica; tras el paso por una planta de compostaje, el residuo se convierte en compost para el mundo de la agricultura.

  Con este mismo material, en 2017, BASF y otras compañías, junto a la Fundación Ellen Macarthur, la Agència de Residus de Catalunya y bajo la tutela de los proyectos Circular Economy 100 de la Unión Europea, convirtieron La Seu d'Urgell (Lleida) en el primer municipio de España en sustituir todas las bolsas de plástico convencional por bolsas compostables.

- **¿Zapatillas eternas?:** BASF y Adidas han desarrollado un innovador sistema que permite reciclar el 100 % de las zapatillas viejas y reconvertirlas en nuevo calzado. El modelo en cuestión, denominado FUTURECRAFT.LOOP, está fabricado con poliuretano termoplástico (TPU) —específicamente con los productos Elastollan® e Infinergy®—, es completamente reutilizable y fue codesarrollado por BASF. El material, altamente versátil, se hila, se teje, se moldea y se funde con una suela intermedia con tecnología BOOST. El método permite que el pegamento se elimine por completo del proceso de fabricación, lo que reduce el desperdicio y facilita el reciclaje. Cuando el calzado termina su primer ciclo de vida y se devuelve a Adidas, que lo lava y tritura para producir granza termoplástica de TPU de alta calidad, puede utilizarse otra vez para fabricar nuevas zapatillas. Sin residuos y sin tirar nada.

Tanyaradzwa Sahanga, director de Innovación Tecnológica de Adidas, asegura: «Trabajar junto a expertos de BASF nos permitió lograr un zapato reciclable y obtener material reutilizable de ese producto al final del ciclo de vida. Estamos ansiosos de promover esta visión de circularidad para impulsar los deportes hacia un futuro más sostenible».

Actualmente, 200 expertos están probando la primera zapatilla del mundo *made to be remade*. Se espera que las primeras zapatillas de deporte reciclables hechas de TPU estén en las tiendas de todo el mundo a partir de la temporada de primavera-verano 2021.

Valor para la sociedad

Más allá de la propia producción y del rendimiento sostenible que sus productos ofrezcan al cliente y, por ende, al consumidor final, el nuevo paradigma orienta a las empresas más allá del accionista, pensando de forma holística en el valor que aportan a la sociedad. Por ese motivo, los objetivos de desarrollo sostenible de Naciones Unidas facilitan el análisis y el seguimiento de cómo una organización está aportando valor en todas sus facetas.

Carles Navarro, director general de BASF en la península ibérica, afirma que «El futuro será sostenible o no será. Esta premisa está muy clara en BASF. Solo poniéndola de manera prioritaria en la agenda, situándola en el centro de la propuesta de valor y usándola para analizar todas las decisiones que toma una organización es posible llegar a la meta. Una meta, que, por cierto, debemos cruzar todos juntos». Una referencia clara al objetivo más importante y que da sentido a todos los anteriores, el 17, que habla de las alianzas. «O lo hacemos juntos, o no lo haremos».

6. Fundación "la Caixa": programa de vacunación infantil

Desde hace más de 115 años, la Fundación "la Caixa" trabaja para contribuir al progreso de la sociedad y al bienestar de las personas, especialmente de aquellas que más lo necesitan.

Anualmente, la Fundación impulsa más de 51 000 actividades que repercuten en la mejora de la calidad de vida, el bienestar y la salud de todo tipo de beneficiarios, con una inversión anual en torno a los 500 millones de euros, un presupuesto que se ha mantenido durante la última década gracias a los dividendos de las empresas participadas por la Fundación Bancaria "la Caixa", entre las que destacan CaixaBank, Telefónica, Naturgy, Suez o Cellnex, por mencionar algunas de las más relevantes.

Desde el inicio de sus actividades internacionales la Fundación "la Caixa" prioriza la mejora de la salud global entre sus líneas estratégicas y colabora en iniciativas de lucha contra las principales enfermedades, como la malaria y la neumonía. Mejorar la salud en países en vías de desarrollo es una de las intervenciones más eficaces para luchar contra la pobreza y romper el círculo vicioso de pobreza y enfermedad.

Y, de entre todas las intervenciones posibles en el sistema de salud de un país, sin duda, la vacunación es una de las mejores apuestas.

Alianza para la Vacunación Infantil

Con este objetivo, en 2008 la entidad lanzó la Alianza para la Vacunación Infantil, una iniciativa que contribuye a salvar la vida de los niños y proteger su salud aumentando el uso equitativo de vacunas en países de bajos ingresos, en colaboración con Gavi The Vaccine Alliance. Creada en el año 2000, Gavi suma las fortalezas individuales de sus socios, desde la experiencia científica de la OMS y el sistema de adquisiciones de vacunas de Unicef hasta el conocimiento financiero del Banco Mundial y el conocimiento empresarial del sector privado de la industria de las vacunas.

Gavi es la primera alianza mundial entre el sector público y privado que lucha contra la mortalidad infantil en 73 países de renta baja. Su misión es «salvar la vida de los niños y proteger la salud de las personas mediante el incremento del uso equitativo de vacunas en los países de ingresos bajos». Desde su origen, Gavi ha conseguido llegar a cifras récord y vacunar a 822 millones de niños evitando con ello 14 millones de muertes prematuras.

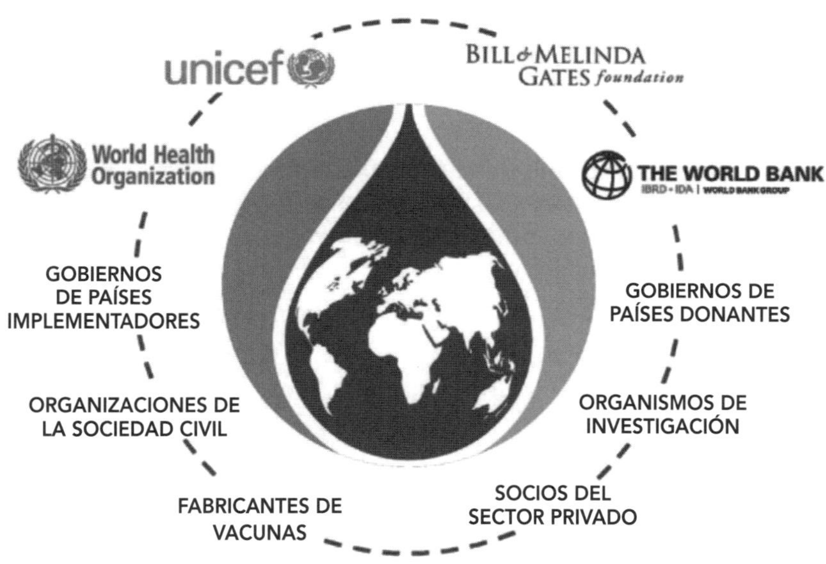

Fundación "la Caixa"se convirtió en el primer socio privado de Gavi en Europa, lanzando la Alianza para la Vacunación Infantil, una iniciativa de captación de fondos innovadora y de impacto dirigida a empresas, clientes y empleados del Grupo CaixaBank, así como para la sociedad en general a través de microdonativos.

Participación de las empresas

La Fundación "la Caixa" lidera esta Alianza, en colaboración con CaixaBank, especialmente CaixaBank Empresas y CaixaBank Banca Privada, para la captación de donativos por parte de empresas, clientes y empleados. CaixaBank Empresas realiza una intensa labor de sensibilización con sus clientes, puesto que lo incluyen en su portafolio de productos. En este caso, el compromiso social y el éxito económico se ven favorecidos y potenciados mutuamente.

En función del importe de sus donaciones, las empresas reciben la correspondiente categoría:

- Colaborador: a partir de 500 €

- Patrocinador Plata: entre 1000 y 5999 €

- Patrocinador Oro: entre 6000 y 29 999 €

- Patrocinador Platino: más de 30 000 €

Por su parte, CaixaBank Banca Privada también promueve el apoyo a la Alianza en el marco de su Proyecto de Valor Social, que da respuesta e incentiva las inquietudes filantrópicas de sus clientes. La implicación de todos los equipos de CaixaBank, especialmente Empresas y Banca Privada, ha sido especialmente relevante para el éxito de esta iniciativa.

La Fundación Gates duplica el importe obtenido por parte de la Alianza para la Vacunación, con el objetivo de potenciar las donaciones, a través de su iniciativa Matching Fund. Asimismo, la Fundación "la Caixa" también incentiva las aportaciones a la Alianza duplicándolas hasta un límite de 2 millones de euros. Con la suma de los incentivos de la Fundación Gates y la Fundación "la Caixa", cada euro donado por parte de empresas, clientes y empleados se multiplica por cuatro.

Resultados obtenidos

Desde 2008, esta Alianza ha generado más de 35 millones de euros y ha logrado vacunar a más de 6.3 millones de niños en los países más pobres. Todas las aportaciones se destinan íntegramente a la vacunación infantil.

Mozambique es uno de los países prioritarios en la actividad internacional de la Fundación, donde se mantiene un importante compromiso desde hace más de veinte años, impulsando programas de salud, educación y desarrollo socioeconómico. Cabe destacar que en 2018 las aportaciones donadas a Gavi por parte de la Alianza para la Vacunación, junto con el Matching Fund de la Fundación Gates, cubrieron el 80 % del presupuesto total de la vacuna contra la neumonía en Mozambique y en 2019 el 100 %.

Las inversiones y resultados alcanzados son notables, pero todavía queda un largo camino por recorrer. La vacunación sigue siendo una de las herramientas clave para el desarrollo de las poblaciones más desfavorecidas del mundo y es una de las intervenciones más rentables para salvar vidas. No obstante, todavía hoy sigue muriendo 1 niño cada 20 segundos por no tener acceso a vacunas; por ello, iniciativas como la Alianza para la Vacunación Infantil siguen siendo muy necesarias.

La Alianza para la Vacunación Infantil es un claro ejemplo de cómo alinear la responsabilidad social con los ODS. En este sentido, garantizar una vida sana y promover el bienestar como marca el ODS 3 es el eje sobre el que se implementa esta iniciativa.

Como organización filantrópica, las alianzas son clave para la Fundación "la Caixa", puesto que contribuyen a lograr mejores y más amplios resultados. Y eso es lo que persigue la Alianza para la Vacunación Infantil, enmarcada claramente en la definición del objetivo de desarrollo sostenible 17 cuando reclama el compromiso decidido a favor de alianzas mundiales y la cooperación entre agentes sociales. En definitiva, un plan de acción a favor de las personas, el planeta y la prosperidad.

7. UNA OPORTUNIDAD PARA EUROPA

1. Transformación de las relaciones de poder

El mundo se transforma a ojos vista bajo el impulso de dos corrientes poderosas. Por una parte, la difusión y el uso de las tecnologías de la Cuarta Revolución Industrial (4RI): digitalización, *big data*, inteligencia artificial, robótica, impresión 3D, biotecnología, nanotecnología, computación cuántica... Y, por otra parte, la reconfiguración de las relaciones de poder, como consecuencia del colapso financiero y económico entre 2008 y 2012. En períodos de transición como el actual, mientras el equilibrio político anterior a la crisis ya no se sostiene y el nuevo aún no se ha formado, los conflictos entre los poderes en presencia se agudizan y transforman las relaciones entre los países. El incierto resultado final favorecerá aquellos que se adapten mejor y más rápido a las nuevas tecnologías y, al mismo tiempo, desarrollen políticas con las que la mayoría de los países se puedan identificar.

Ambas corrientes interactúan. Por ejemplo, la capacidad tecnológica será un componente fundamental del poder político en el siglo XXI, como lo fue en los siglos XIX y XX. Sin embargo, las tecnologías de la 4RI se difunden mucho más rápida y ampliamente que las tecnologías de la Revolución Industrial de finales del siglo XIX y principios del siglo XX. Hoy en día, muchos países cuentan con buenos científicos y buenas universidades, con capacidad para desarrollar las nuevas tecnologías o de copiar muy rápidamente los avances producidos en otros países; por tanto, en el siglo XXI es muy probable que ningún país pueda mantener la ventaja tecnológica el tiempo suficiente para fundamentar sobre ella una posición de liderazgo político. En la historia reciente ya se ha dado esta situación.

Después de la Segunda Guerra Mundial, la rivalidad entre Estados Unidos y Rusia, llamada entonces Unión Soviética, desembocó en la Guerra Fría. La competición tecnológica entre las dos superpotencias fue enconada: los estadounidenses fueron los primeros en conseguir la bomba atómica, aunque poco después también la obtuvieron los rusos. La «carrera espacial» comenzó con ventaja de los soviéticos, que situaron un satélite en órbita en 1957, aunque finalmente fue el estadounidense Armstrong el primer hombre que pisó la Luna, en 1969. En definitiva, ninguno de los dos países alcanzó una ventaja tecnológica decisiva respecto al otro.

Sin embargo, el muro de Berlín cayó y la Unión Soviética colapsó, sin sufrir ninguna derrota militar a manos de su adversario. Los factores que decidieron el resultado de la Guerra Fría fueron de diverso orden: la incapacidad del sistema político soviético para mantener la confianza de su población; la distancia creciente entre los niveles de vida de la sociedad americana y la rusa, cada vez más rezagada; un crecimiento económico nulo o negativo acompañado de unas infraestructuras ineficientes, altísimos costes de contaminación, una burocracia ineficiente y una deficiente asignación de recursos a las empresas; y un retraso importante en la aplicación a la economía de las innovaciones de alta tecnología en el campo de las telecomunicaciones, el tratamiento de la información (informática) y la microelectrónica.

De 1991 a 2016

Ante el estupor general, en 1991 se disolvió la URSS, un acontecimiento histórico que nadie había anticipado, confirmando la limitadísima capacidad predictiva de las ciencias sociales, incluso cuando se trata de eventos realmente trascendentes. Del mismo modo que la reina de Inglaterra preguntó a ilustres economistas de la London School of Economics cómo era posible que ningún experto en economía hubiera previsto la crisis financiera de 2008, cabe preguntarse cómo fue posible que ningún sociólogo ni analista político previera la desaparición de la URSS, ni siquiera cuando era inminente.

Ambos eventos son complementarios, a pesar de los diecisiete años que los separan. La disolución de la URSS supuso el final del orden político soviético, el llamado «socialismo real», que había inspirado la oposición al capitalismo desde la Revolución rusa de 1917 y se convirtió en el «sistema alternativo» al promovido por Estados Unidos desde la finalización de la Segunda Guerra Mundial. Por su parte, la crisis financiera que estalló en 2008 abrió el paso a la crisis política que ha herido de muerte al neoliberalismo, el modelo económico impulsado por los Estados Unidos de Reagan y el Reino Unido de Thatcher desde los años ochenta del siglo XX y que, por un momento, entre 1991 y 2008, parecía el orden definitivo, «el fin de la historia», según la conocida expresión de Fukuyama. Sin embargo, la demolición del orden político establecido en 1945, que había comenzado con la desaparición de la Unión Soviética, ha continuado entre 2008 y 2016.

Análogamente a lo que ocurrió con la URSS, ningún «enemigo exterior» ha inducido el colapso del orden neoliberal. Buena parte de la sociedad norteamericana ha perdido la confianza en las políticas desarrolladas por sus gobiernos, que condujeron a la crisis financiera y la gran recesión de 2008 y han alimentado el aumento de la desigualdad de renta y de riqueza hasta extremos inauditos. Al mismo tiempo, la emergencia de nuevos actores relevantes en la política y la economía mundiales, entre los que destaca China, ha modificado las condiciones que permitían a Estados Unidos ejercer una hegemonía incontestada.

Con este trasfondo, el presidente Donald Trump, que tomó posesión del cargo en enero de 2017, juega un papel parecido al que el presidente Boris Yeltsin jugó en la antigua URSS: igual que este certificó la disolución del bloque soviético, Trump ha abandonado la estrategia que Estados Unidos había seguido desde 1945 de promover un proyecto de globalización económica y de multilateralismo político liderado por Occidente. Su divisa «America first» es una declaración de renuncia al liderazgo, ya que propone para su país una política en las antípodas de la promoción de la democracia, la economía de mercado y la lucha contra el comunismo, los principios que inspiraban la política exterior de Estados Unidos, asumidos por todos los presidentes desde Franklin D. Roosevelt (1933-1945) hasta Barack Obama, tanto si eran del partido republicano como del demócrata.

En definitiva, el orden político establecido al final de la Segunda Guerra Mundial se encuentra en liquidación a estas alturas, porque tanto el comunismo soviético como la hegemonía estadounidense han perdido el apoyo con que contaron durante mucho tiempo, en los países del bloque soviético y del mundo occidental, respectivamente, e incluso en los mismos países protagonistas, Rusia y Estados Unidos.

2. Un mundo sin ideologías dominantes

El final de la lucha ideológica y política entre capitalismo y comunismo, que definió la segunda mitad del siglo XX, es la gran novedad de la situación actual. Las relaciones de poder entre los ganadores de la Segunda Guerra Mundial dieron como resultado la Guerra Fría. Los países de los dos bloques, capitalista y socialista, en el mundo de los años cuarenta y cincuenta del siglo XX, acumulaban prácticamente todo el poder político, económico y militar mundial. Actualmente, el mundo es realmente global, en un triple sentido:

1. En todos los continentes han aparecido más países con poder en la escena internacional, sobre todo en Asia.

2. No hay ideologías dominantes a escala global, sino una notable fragmentación donde el mestizaje entre ideologías es el rasgo dominante.

3. La difusión de las tecnologías de la 4RI es mucho más rápida y amplia de lo que lo fueron las tecnologías de la Revolución Industrial del siglo XX. Dos datos ilustran este hecho: hoy en día hay más teléfonos móviles que personas en el mundo y más del 50 % de la población mundial se conecta a Internet.

También es cierto que durante el período de la Guerra Fría surgieron propuestas que no encajaban en la dualidad capitalismo/socialismo. Por ejemplo, la atención al medioambiente nació aquellos años: el Club de Roma publicó «Los límites del crecimiento» en 1972, el primer manifiesto ecologista que obtuvo amplia atención de la sociedad; en 1987, la Comisión Mundial sobre Medio Ambiente elaboró el informe «Nuestro futuro común» bajo la dirección de la política noruega Gro Harlem Brundtland, donde se recoge la definición de «desarrollo sostenible» entendido como «aquel que satisface las necesidades del presente, sin comprometer la capacidad de las generaciones futuras de satisfacer sus propias necesidades»; y el movimiento ecologista adquirió un peso político relevante en la Alemania Federal, donde llegó al Gobierno en 1998 en coalición con el partido socialdemócrata (SPD).

Asimismo, el feminismo, con su lucha por la igualdad de género, tampoco encajaba bien en la dualidad capitalismo/socialismo, ya que la discriminación de la mujer se producía tanto en los países del bloque soviético como en los occidentales.

Por primera vez desde 1945, vivimos en un mundo sin liderazgos ideológicos dominantes. El soviético colapsó en 1991 y la crisis del período 2008-2012 hizo perder la confianza en la globalización neoliberal incluso en EE. UU., que, con el presidente Trump, ha renunciado al liderazgo que ha ejercido, de manera compartida con la URSS durante los años de la Guerra Fría y en solitario desde 1991. La Guerra Fría terminó con la desintegración de la URSS, mientras que el momento «unipolar» liderado por Estados Unidos terminó con el fracaso del modelo neoliberal y la pérdida de peso relativo del bloque occidental, tanto en la economía como en la política mundiales, debido a la emergencia de muchos más actores relevantes: China, de forma destacada, pero también India, Turquía, Irán, Brasil..., los cuales no se adhieren ni al socialismo ni al capitalismo, aunque aprovechen características de uno y otro. Por ejemplo, China, donde el partido comunista rige el país como partido único, se ha desarrollado impulsando la economía de mercado y participando plenamente en la globalización de matriz americana. Incluso se ha convertido en el país que más rédito ha obtenido de la formación de una economía global.

El colapso de la Unión Soviética arrastró consigo el relato que la sustentaba: el ideal de construir el comunismo como «sociedad sin clases» había desembocado en una dictadura totalitaria en beneficio de la «nomenclatura» del Partido Comunista, opresor de la sociedad rusa en nombre de aquel ideal. El orden neoliberal ha desembocado en la gran recesión del período 2008-2012 y en un aumento extraordinario de la desigualdad de renta y riqueza en la sociedad americana.

Sin embargo, conviene subrayar las diferencias sustanciales que separan el «socialismo real» de la URSS y los países comunistas de las democracias liberales con economías de mercado del mundo occidental, contemporáneas de aquel. La democracia como régimen político, que implica la división de poderes, la autonomía de la sociedad civil del poder político, la protección de los derechos humanos, las libertades fundamentales de expresión y de asociación y las elecciones para elegir o cambiar el Gobierno sigue siendo, como decía Churchill, «el peor sistema de gobierno, si exceptuamos todos los sistemas alternativos». Nada parecido puede decirse del modelo soviético, del que solo queda el recuerdo de la pesadilla del estalinismo: la anulación de la persona, sacrificada en nombre de un ideal siempre inalcanzable por culpa de los enemigos exteriores y sobre todo de los interiores, definidos según la conveniencia de los dirigentes y sometidos a las purgas correspondientes.

Y como recuerda Branko Milanovic en su último libro, *Capitalism alone*, por primera vez en la historia un sistema económico único gobierna el mundo entero. La China contemporánea no abandera un modelo diferente al capitalismo, sino un modelo diferente de capitalismo. Este dominio del mundo se ha logrado con dos versiones diferentes del mismo: el capitalismo basado en una amplia autonomía de la sociedad civil respecto al poder político, que se ha desarrollado progresivamente en Occidente durante los últimos doscientos años, y el capitalismo autoritario dirigido por el Estado, que ejemplifica China, pero que también existe en otras partes de Asia (Singapur, Vietnam, Birmania) y partes de Europa y África (Rusia y los países caucásicos, Asia Central, Etiopía, Argelia, Ruanda). Los dos tipos de capitalismo, liberal y autocrático, ahora compiten entre sí. Esta rivalidad pone en cuestión la superioridad política y económica de Occidente durante los últimos tres siglos. Nunca en la historia la superioridad de una parte del mundo sobre otra había sido tan grande como la de Europa sobre África y Asia en el siglo XIX. Ahora, el reequilibrio económico del mundo no es solo geográfico, también es político. El éxito de la economía china socava la afirmación de Occidente de que existe un vínculo necesario entre el capitalismo y la democracia liberal. De ahí la expresión de que «el capitalismo está "solo"» y de que —ya sin el comunismo o el fascismo como alternativas, pero bajo la sombra de la tentación plutocrática— debe hacer frente hoy a retos globales, algunos desconocidos hasta la fecha. Y lo que no es menos cierto también es que la soledad quizá sea un buen lugar para encontrarse, pero es un mal lugar para instalarse.

La disyuntiva entre capitalismo y socialismo, cada uno de ellos con pretensiones de universalidad, ha quedado sustituida por políticas que tienen en común la voluntad de defender intereses locales, envueltos en discursos nacionalistas, religiosos o una combinación de ambos. Por ejemplo, el Brexit responde a la convicción de los ingleses de que en solitario afrontarán mejor el futuro que como miembros de la Unión Europea. Este propósito es una aspiración estrictamente local. En esta misma línea, el «America first» de Donald Trump no contiene ninguna referencia a los valores universales que han sido característicos del discurso político estadounidense desde la Declaración de Independencia: libertad, democracia e igualdad de derechos. Tanto China como Rusia también definen su política apelando a su propia historia, sin ninguna pretensión de abanderar «el internacionalismo proletario» que durante muchos años fue la divisa en que apoyaban su política internacional.

Los Estados Unidos de Trump han optado por las relaciones bilaterales, de país a país, y por abandonar los compromisos multilaterales, como han hecho ya con el Acuerdo de París sobre el clima. La nueva estrategia estadounidense implica cambios visibles en las relaciones entre Europa y EE. UU.: en lugar de apoyar a la Unión Europea, la considera un rival y procura debilitarla, por ejemplo, animando el Brexit; en lugar de liderar la OTAN, la reduce a un *do ut des*. Qué me cuesta y qué obtengo son ahora los parámetros de medición de su utilidad para los Estados Unidos de Trump. No obstante, la experiencia de las guerras de Afganistán y de Irak ha demostrado que la superioridad militar es insuficiente para obtener la victoria política; es preciso contar además con apoyos multilaterales que comprometan a todas las partes implicadas en la resolución de los conflictos.

Por su parte, en Europa, los avances hacia la unidad política no responden a un plan predeterminado ni al impulso de una ideología, sino a la necesidad de superar situaciones de crisis para los estados europeos. Si se repasa la trayectoria seguida por la UE, se comprueba que cada paso hacia la unidad se ha dado porque los estados lo han visto como la mejor opción para defender los intereses de los países que representan.

Las dos guerras mundiales que entre 1914 y 1945 habían arruinado Europa comenzaron como guerras europeas, y la durísima y amarga experiencia decantó a los estados beligerantes hacia la cooperación mutua, para evitar que los conflictos se reprodujeran. La decisión de crear el euro, adoptada en el Tratado de Maastricht en 1992, se produjo bajo la influencia de dos acontecimientos que cambiaron el equilibrio político que había en Europa desde la Segunda Guerra Mundial: la unificación de Alemania y el derrumbe de la Unión Soviética, que abrió la puerta de la Unión Europea a los países del centro y el este de Europa.

Sin embargo, la construcción de Europa trasciende lo que sería una alianza entre estados sustentada en la firma de un tratado. La singularidad del proyecto europeo deriva de la historia común y de los valores compartidos, sin los que su propósito no tendría futuro. En primer lugar, el reconocimiento de la dignidad equivalente de todas las personas humanas, que deriva de la igualdad como sujetos morales, porque no hay nada en la naturaleza de los humanos que permita diferenciarlos en cuanto a su capacidad moral, razón por la cual los derechos y los deberes como personas son iguales para todos. Tal como señalaba el presidente francés Emmanuel Macron en su discurso en la Sorbona, la relación con la libertad, los derechos humanos y la justicia, que forja nuestra identidad (europea) profunda, es inédita en el planeta.

3. Multilateralismo: una oportunidad para Europa

«Europa solo seguirá siendo Europa si proporciona respuestas innovadoras a los desafíos del cambio climático y la digitalización y acepta su responsabilidad en el mundo», afirmó Angela Merkel ante el Parlamento Europeo con motivo de la inauguración de la presidencia alemana del Consejo Europeo, el 8 de julio de 2020.

De hecho, el mundo es interdependiente. La globalización ha ido muy lejos y, hoy en día, los estados no son los únicos actores en las relaciones internacionales. La trama de relaciones económicas, impulsada por las empresas multinacionales, la ubicuidad de la información y los medios de transporte asequibles facilitan los desplazamientos de personas, que emigran para mejorar su situación económica o huyen de conflictos armados.

La población mundial, ahora de más de 7000 millones de personas, crece a un ritmo que nos llevará a más de 9000 millones a mediados del siglo XXI. Si queremos conseguir un nivel de vida digno para todos, que al mismo tiempo sea sostenible para el planeta, el impacto que la actividad humana tiene sobre el clima y el equilibrio de los diversos sistemas ecológicos exige transformar profundamente la forma actual de producir y de consumir en todo el mundo.

Estos desafíos se pueden asumir con posibilidades de éxito adoptando un enfoque multilateral a la hora de proponer soluciones. Un ejemplo de multilateralismo en su mejor expresión es la Agenda 2030, los objetivos de desarrollo sostenible (ODS) que se acordaron por unanimidad de los 193 estados que participaron en la Asamblea General de la ONU en septiembre de 2015. Por ello tiene sentido considerar los ODS la propuesta más exitosa para afrontar los retos del siglo XXI. Sin embargo, tal como ha ocurrido con muchos acuerdos de la ONU, los ODS pueden quedar en una declaración más si falta la voluntad política de los estados a la hora de realizarlos, a pesar de que son una gran oportunidad para el mundo entero. Tras su aprobación en septiembre de 2015, la presencia que tienen en la agenda política de cada país a estas alturas, finales del año 2020, es claramente insuficiente para hacerlos realidad en 2030, la fecha que propone el acuerdo de la ONU.

La Unión Europea (UE) sí ha expresado la voluntad de asumir como propia la Agenda 2030. El Consejo Europeo de junio de 2017 aceptó la comunicación de la Comisión sobre «Los próximos pasos para un futuro europeo sostenible», del 22 de noviembre de 2016, para incorporar los ODS y aplicar el desarrollo sostenible como un principio orientador esencial para todas las políticas de la UE, incluidos sus instrumentos de financiación, contratación, acuerdos con empresas y el uso de regulaciones mejores. Esta voluntad se ha manifestado hasta ahora con propuestas legislativas en dos ámbitos cruciales para el desarrollo sostenible: la transición hacia la energía limpia, con las medidas propuestas por la Comisión en noviembre de 2016 —«Energía limpia para todos los europeos»—, en la presentación de las cuales la Comisión manifestaba la voluntad de que la UE lidere la transición hacia el uso de energía limpia. Por este motivo, la UE se ha comprometido a reducir las emisiones de CO_2 al menos en un 40 % en 2030, respecto a 1990, y alcanzar la neutralidad de emisiones de carbono en 2050.

Otro ámbito con progresos significativos es la financiación del desarrollo sostenible. La Comisión Europea, en la presentación del Plan de Acción para la Financiación del Desarrollo Sostenible, el mes de junio de 2018, señalaba que «un cambio de los flujos de capital hacia actividades económicas más sostenibles debe basarse en una comprensión compartida de lo que significa "sostenible"». Un sistema de clasificación unificado de la UE (o taxonomía, véase el gráfico) aportará claridad sobre qué actividades se pueden considerar «sostenibles». Esta etapa implica la acción más importante y urgente de este plan de acción.

Taxonomía de la UE: determinación de actividades económicas sostenibles

La Comisión ha establecido la integración de los objetivos de desarrollo sostenible (ODS) como prioridad en el uso de los fondos para la recuperación económica. Por ello, ha propuesto que el uso de estos recursos tenga en cuenta los planes nacionales de energía y clima (NECP) y que asuma el compromiso de «no hacer daño» en las inversiones públicas.

Asimismo, la Comisión Europea publicó en mayo de 2020 su «Estrategia de la granja a la mesa» o «Farm to Fork», con el objetivo de contar con un sistema alimentario saludable y sostenible, que es uno de los 11 componentes del Green Deal. La estrategia establece un plan ambicioso de transformación del sector, basado en criterios científicos. Aborda abierta y conjuntamente la necesidad de reducir el consumo de productos animales, la pérdida y desperdicio de alimentos y el uso de fertilizantes sintéticos.

Por primera vez, en un documento oficial se propone sin ambigüedad reducir el consumo de carne, aunque sin fijar objetivos. Asimismo, se establece claramente la reducción en el uso de pesticidas, fertilizantes y antibióticos. La estrategia, estrechamente vinculada a la de biodiversidad, se traducirá en una propuesta legislativa sobre sistemas alimentarios sostenibles.

4. La Agenda 2030 en España

Por el amplio alcance de los ODS y por la interrelación entre ellos, la Agenda 2030 debe desplegarse como un todo. De hecho, puede inspirar la actuación de todas las administraciones públicas durante varias legislaturas. En España, la actual arrancó a principios de 2020 con un Gobierno de coalición del PSOE y Unidas Podemos que, siguiendo la senda del Ejecutivo anterior, anunció su compromiso con los ODS.

En el Gobierno actual ha desaparecido la figura del alto comisionado para la Agenda 2030 y se ha creado la Secretaría de Estado para la Agenda 2030, desde la Vicepresidencia de Asuntos Sociales y Agenda 2030. El Ministerio de Transición Ecológica y Reto

Demográfico, también con rango de vicepresidencia, tendrá una influencia muy relevante en el cumplimiento de los ODS. La propia transversalidad de la Agenda y el reparto de responsabilidades harán imprescindible una buena coordinación para llevar a término el *Plan de Acción para la Implementación de la Agenda 2030*, aprobado en junio de 2018. Del mismo modo, otra de las tareas esenciales del nuevo Gobierno es la elaboración de una *Estrategia de Desarrollo Sostenible 2020-2030* que articule los ejes de actuación en ese período tan decisivo.

Lograr la Agenda 2030 requiere transformar las regulaciones actuales de la economía en la dirección favorable para conseguir los ODS. Es preciso generar políticas sectoriales innovadoras, por ejemplo, en el sector alimentario, en la industria y en la energía. También hay que tener en cuenta actividades más transversales, como el comercio y sus impactos en los 17 ODS. En definitiva, es preciso identificar las acciones que contribuyen a alcanzarlos y, sobre todo, señalar aquellas que pueden obstaculizar el logro de la Agenda 2030.

No obstante, según la evaluación anual de los países del Sustainable Development Report 2019, elaborado por el SDSN, España está en rojo (retrocede) o bien ámbar intenso (estancada) en los objetivos 2 —hambre cero—, 8 —trabajo decente y crecimiento económico—, 9 —industria, innovación e infraestructuras—, 12 —producción y consumo responsables— y 13 acción por el clima—. Estos objetivos son determinantes para el cumplimiento de la agenda, por su influencia en los dos ejes fundamentales del desarrollo sostenible: no dejar a nadie atrás y preservar el medioambiente.

5. Transformación de la economía española

En cuanto a las medidas tomadas por el Gobierno español con una perspectiva a largo plazo, destacan dos iniciativas: el proyecto de Ley de Cambio Climático y Transición Energética para alcanzar la neutralidad de emisiones a más tardar en 2050 y la Estrategia Española de Economía Circular 2030.

De acuerdo con la primera, España fija por ley su objetivo de reducir las emisiones de gases de efecto invernadero para el año 2030 en un 20 %, con respecto a los niveles de 1990. El objetivo final de la ley es que España alcance la neutralidad como máximo para 2050, es decir, que no emita una cantidad de gases de efecto invernadero (GEI) mayor de lo que absorben sus sumideros. En palabras de la vicepresidenta cuarta del Gobierno de España y ministra para la Transición Ecológica y el Reto Demográfico, Teresa Ribera, en la presentación del proyecto de ley, «en un momento en el que tenemos que abordar el proceso de recuperación frente a la COVID-19, la transición energética se va a convertir en una fuerza motriz determinante para generar actividad económica y empleo a corto plazo, y a hacerlo de forma coherente con lo que necesitaremos como país en el medio y en el largo plazo».

Los dos motores para alcanzar los objetivos señalados en la ley serán el desarrollo de las energías renovables y las mejoras en la eficiencia energética. Antes del año 2050, el sistema eléctrico de España tiene que ser 100 % renovable, con una primera meta de al menos el 70 % en el año 2030. Para atraer recursos hacia las acciones de eficiencia energética, se amplía hasta 2030 el Fondo de Eficiencia Energética, que ha permitido movilizar más de 1000 millones de euros en el período 2015-2020.

El proyecto de ley también pone el foco en la movilidad sostenible, al proponer que «el conjunto de las administraciones públicas —Administración General del Estado, comunidades autónomas y entidades locales— pondrán en marcha medidas que posibiliten en 2050 un parque de turismos y vehículos comerciales ligeros sin emisiones directas de CO_2».

La segunda iniciativa adoptada por el Gobierno, «La estrategia española para una economía circular», es un documento de trabajo elaborado por seis ministerios cuyo propósito es «contribuir así a los esfuerzos de España por lograr una economía sostenible, descarbonizada, eficiente en el uso de los recursos y competitiva. Esta estrategia se materializará a través de sucesivos planes de acción trienales». Los objetivos que propone la Estrategia España Circular 30 se recogen en la siguiente ilustración.

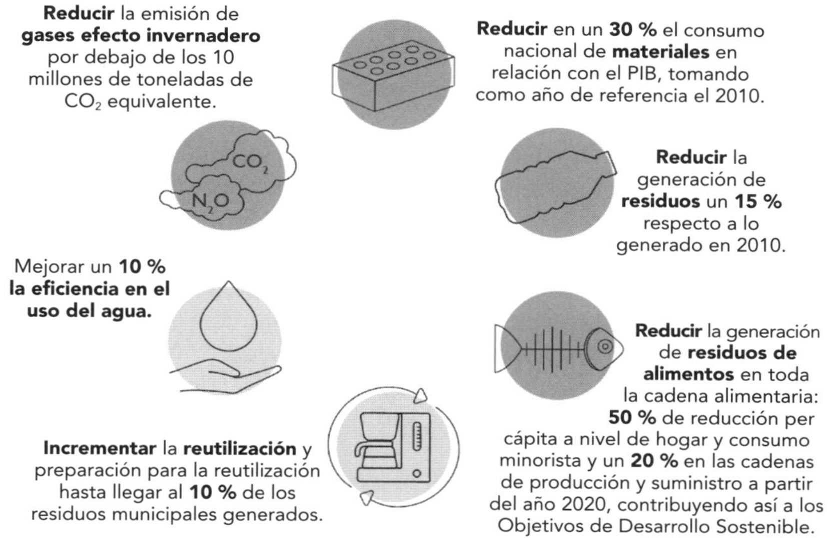

El documento destaca los sectores de la construcción y la demolición; agroalimentario, pesquero y forestal; industrial; bienes de consumo; textil y confección y el turismo, como los más relevantes para desarrollar una economía circular en España.

Tanto el proyecto de ley de transición energética y cambio climático como la Estrategia España Circular 30 se inscriben en el contexto de las políticas desarrolladas por la Unión Europea y se han elaborado teniendo en cuenta las implicaciones que dichas políticas tienen para la economía española.

6. Respuesta a la COVID-19: el fondo Next Generation EU

La fuerza del proyecto europeo se deriva de la capacidad de superar los intereses a corto plazo de cada uno de los miembros ante una situación de crisis y de proponer salidas basadas en la colaboración entre los estados miembros. En esta línea debemos interpretar la respuesta dada por la UE a la crisis producida por la COVID-19, que no es solo un test sobre cómo responde a un choque económico, sino también una prueba para la unidad europea. La conducta que sigan los dirigentes europeos dejará huella. La pandemia es una oportunidad para que los líderes creen confianza en la UE por su capacidad para adoptar decisiones solidarias, mostrando unidad y consistencia.

La disrupción creada enseña que la UE necesita una auténtica política industrial que garantice su autonomía en sectores clave para el mundo del mañana: la salud, la alimentación, la tecnología, la energía, la protección del medioambiente, la seguridad y la información serían los más relevantes. En esta línea, el plan de recuperación europeo pone el énfasis en vincularlo al cumplimiento de los objetivos ambientales y la neutralidad climática. La aceleración del Green Deal se presenta como uno de los dos pilares que deberían guiar la recuperación económica europea, junto con la transición digital.

El Consejo Europeo de julio de 2020 alcanzó un acuerdo histórico: la creación del fondo Next Generation EU, dotado con 750 000 millones de euros (el 5.4 % del PIB de la UE), distribuidos entre 360 000 millones en préstamos y 390 000 millones en transferencias. Su objetivo es la recuperación de las economías de los países miembros. Los recursos del fondo se obtendrán mediante la emisión de deuda de la UE con vencimientos entre 2028 y 2058. Además, se aumentará el techo de recursos propios del presupuesto europeo y se ha abierto la posibilidad de crear nuevos impuestos de ámbito europeo.

Para acceder al fondo, cada país deberá someter a aprobación de la Comisión Europea y del propio Consejo Europeo un plan de inversiones y de reformas. El reparto entre países tomará en consideración la severidad de la crisis en 2020 y en 2021. España podría llegar a recibir 140 000 millones de euros, de los cuales 70 000 millones serían transferencias.

En conjunto, el montante total de las previsiones financieras de la UE es de 2364.3 miles de millones de euros, sumando los importes destinados a paliar de manera inmediata los efectos de la pandemia —las denominadas «redes de seguridad» (540 000 millones de euros)— y los que incentivarán la recuperación económica —Next Generation EU (750 000 millones de euros)— al incremento de recursos del marco financiero plurianual (1074.3 miles de millones de euros).

Tabla comparativa de la propuesta de la Comisión y lo aprobado por el Consejo Europeo

Capítulo	Propuesta comisión 27.5.2020			Acuerdo Consejo Europeo 27.5.2020			Diferencia
	MFP	NGEU	Total	MFP	NGEU	Total	
1. Mercado único, innovación y economía digital	140,7	69,8	**210,5**	132,8	10.6	**143,4**	−67,1
2. Cohesión, resiliencia y valores	374,5	610,0	**984,5**	377,8	721.9	**1.099,7**	+115,2
3. Recursos naturales y medioambiente	357,0	45,0	**402,0**	356,4	17.5	**373,9**	−28,1
4. Migración y gestiones de las fronteras	31,1	–	**31,1**	22,7	–	**22,7**	−8,4
5. Seguridad y defensa	19,4	9,7	**29,1**	13,2	–	**13,2**	−15,9
6. vecindad y resto del mundo	102,7	15,5	**118,2**	98,4	–	**98,4**	−19,8
7. Administración pública europea	74,6	–	**74,6**	73,1	–	**73,1**	−1,5
TOTAL	**1.100,0**	**750**	**1.850,0**	**1.074,3**	**750**	**1.824,3**	**−25,7**

Fuente: Comisión Europea, Comunicación de la Comisión. *El momento de Europa: reparar los daños y preparar el futuro para la próxima generación* (Bruselas, 27.05.2020, COM 2020, 456 final); Consejo Europeo, reunión extraordinaria del Consejo Europeo (17,18, 19,20 y 21 de julio de 2020). Conclusiones (Bruselas, 21.07.2020, EUCO 10/20, CO EUR8, CONCL 4).

Fuente: https://valenciaplaza.com/el-consejo-europeo-y-el-futuro-de-europa

El acceso de los países miembros a los fondos del programa Next Generation EU estará sujeto a las siguientes condiciones:

1. **Realizar un plan nacional de recuperación y resiliencia:** La Comisión Europea evaluará si estos planes se adecúan al objetivo de conseguir una recuperación fundamentada en la digitalización y la transición verde, tal como establecen las prioridades acordadas por el Consejo Europeo.

2. **Apoyo a la inversión privada para relanzar la economía:** Movilizar capital para reforzar la solvencia de compañías viables. El presupuesto asignado asciende a 56 300 millones de euros y se financiará a través de garantías presupuestarias.

3. **Corregir las carencias que la COVID-19 ha puesto en evidencia;** Se destina un presupuesto de 38 700 millones de euros a reforzar los programas de salud, impulsar la innovación y la investigación en el ámbito sanitario y disponer de suministros esenciales a escala europea.

La respuesta inmediata del Gobierno español ante la COVID-19 fue poner en marcha medidas para suministrar liquidez a las empresas pequeñas y medianas. Además, como decisión más destacada, la implantación de una renta mínima de carácter estatal, un ingreso mínimo vital, marca un hito en la lucha contra la pobreza en España. Según anunció el presidente del Gobierno, 255 000 españoles se benefician del ingreso mínimo vital, más de la mitad de los cuales son menores.

Tras la aprobación del programa Next Generation EU por el Consejo Europeo del mes de julio de 2020, el Gobierno español presentó el mes de octubre el Plan de Recuperación, Transformación y Resiliencia que propone diez políticas cuyo objetivo es lograr un crecimiento sostenible e inclusivo. Los fondos procedentes del programa europeo que lleguen a España se destinarán a financiar dichas políticas, que detallamos a continuación:

1. Agenda urbana y rural y lucha contra la despoblación

2. Infraestructuras y ecosistemas resilientes

3. Transición energética justa e inclusiva

4. Administración para el siglo XXI

5. Modernización y digitalización del tejido industrial y de la pyme, recuperación del turismo e impulso a una España emprendedora

6. Pacto por la ciencia y la innovación y refuerzo de las capacidades del sistema de salud

7. Educación y conocimiento, formación continua y desarrollo de capacidades

8. Nueva economía de los cuidados y política de empleo

9. Impulso de la industria de la cultura y el deporte

10. Modernización del sistema fiscal para un crecimiento inclusivo y sostenible

Teniendo en cuenta la magnitud de los fondos previstos por el programa Next Generation EU, hay que destacar la rapidez con la que se prevé implementarlo, pues el plazo finaliza el 31 de diciembre de 2024, y se espera que el 70 % de los proyectos estén comprometidos antes del 31 de diciembre de 2022.

8. CUMPLIR LOS ODS, EL RETO DE LA DÉCADA ACTUAL

Por su alcance y plazo de ejecución propuesto (2015-2030), los ODS son un programa ambicioso. Nos quedan diez años para cumplir el compromiso de convertirnos en «la primera generación que puede eliminar la pobreza, pero quizá también seamos la última que puede salvar el planeta», como señala el párrafo 50 de la Declaración de la ONU que estableció la Agenda 2030.

Podemos cumplir los ODS porque contamos con los medios necesarios. Disponemos de las tecnologías adecuadas, gracias a la 4RI, y de recursos financieros; los ODS requieren 2 billones de dólares anuales de inversión adicional, que no suponen ni el 10 % del ahorro anual que genera la economía mundial. Finalmente, lo más importante: contamos con los recursos humanos para llevarlos a término.

El catalizador capaz de combinar adecuadamente los tres factores citados será la voluntad de transformar la economía actual, insostenible por su impacto en el medioambiente y muy poco equitativa, en una economía sostenible que no deje a nadie atrás. Generar el impulso transformador que requiere la Agenda 2030 exige aunar el esfuerzo de todos, como propone el ODS 17: alianzas. Es preciso contar con la movilización de la sociedad; pero esta solo será eficaz con el liderazgo del sector público y de las empresas.

1. Liderazgo desde las administraciones públicas

La COVID-19 ha puesto de relieve la importancia de contar con instituciones públicas capaces. El apoyo financiero a corto plazo, prestado por los gobiernos y por la UE, ha frenado la destrucción del tejido empresarial, formado en su inmensa mayoría por pequeñas y medianas empresas. Sin embargo, reconstruir la actividad de las empresas sobre nuevas bases, compatibles con la Agenda 2030, demanda medidas cuyo efecto contribuya a transformar la economía. En este sentido, destacamos cuatro ámbitos en los que las administraciones públicas deberían ejercer su liderazgo.

1. **Los gobiernos pueden orientar los mercados hacia la promoción de la Agenda 2030, mediante su capacidad financiera y normativa:** Las administraciones públicas pueden condicionar su apoyo al sector privado a la consecución de los ODS. La concesión de subvenciones, créditos e inversiones públicas y exenciones fiscales podría depender del impacto previsto de los proyectos empresariales en el cumplimiento de la Agenda 2030, tal como propone la UE en relación con los fondos del programa Next Generation EU.

   Asimismo, en muchos casos, las políticas públicas se basan en incentivos; por ejemplo, para lidiar con el cambio climático se propone introducir impuestos al carbono y listas oficiales de las inversiones que se consideran verdes. Sin embargo, es necesario ir más allá y establecer regulaciones obligatorias si queremos evitar que la temperatura del planeta alcance cotas que generen catástrofes climáticas.

   Limitar el aumento de la temperatura del Planeta a 2°C, o incluso a 1,5°C, como se acordó en París el año 2015 exige desarrollar políticas en dos direcciones simultáneamente: aumentar sustancialmente el precio del carbono, de forma que las energías de origen fósil se encarezcan y, al mismo tiempo, desarrollar políticas de apoyo a las energías renovables, en la línea sugerida por el FMI en su World Economic Outlook de octubre 2020: «En resumen, una combinación de precios del carbono y un estímulo verde inicial ayudaría a la recuperación económica de la crisis de la COVID-19 en el corto plazo, al tiempo que colocaría a la economía mundial en una senda de crecimiento sostenible, con un coste de transición moderado».

2. **La educación es una palanca decisiva para «no dejar a nadie atrás»:** La revolución tecnológica actual es una oportunidad única, siempre que seamos capaces de «no dejar a nadie atrás» en el acceso a las nuevas tecnologías.

En su publicación *The future of work in Europe*, de junio del año 2020, el Instituto Global McKinsey señaló que «más de la mitad de los trabajadores europeos se enfrentan a cambios relevantes en su puesto de trabajo. La automatización requerirá que todos los trabajadores adquieran nuevas habilidades». Incluso aquellos que mantengan su puesto de trabajo necesitarán formación, pues la forma de realizarlo cambiará sustancialmente a causa de la automatización. Por otra parte, el crecimiento potencial del empleo es muy positivo para los trabajadores con mayor educación y negativo para personas con educación secundaria e inferior. Los países con la población mejor formada mantendrán un crecimiento superior a los que tienen la población con un nivel de educación menor.

Los modelos exitosos, como el sistema de aprendizaje y formación profesional de Alemania, pueden reproducirse a una escala más amplia. La formación de alianzas entre educadores y empleadores, con la participación del Gobierno y las asociaciones empresariales, podría ayudar en el diseño de planes de estudio relevantes para adecuar los conocimientos de los trabajadores, actuales y potenciales a las necesidades de unas empresas digitalizadas.

3. **Conectividad:** A raíz de la pandemia de la COVID-19, sorprendió la relativa facilidad con la que millones de trabajadores pasaron a trabajar desde su hogar, utilizando tanto herramientas existentes

como otras nuevas, como la plataforma Zoom. La generalización del teletrabajo supone una transformación de amplias consecuencias, acelerada drásticamente por la COVID-19.

El trabajo a distancia puede reducir sustancialmente la movilidad diaria de los empleados entre la oficina y el hogar, con la reducción de tráfico y de emisiones que ello supone. Las redes digitales y el uso compartido de archivos, junto con las conferencias telefónicas y videollamadas, permiten que la productividad de muchos empleados no dependa de su presencia en la oficina.

El teletrabajo amplía el mercado laboral para las empresas, que pueden captar talento de localidades mucho más lejanas, si los empleados no deben desplazarse diariamente a la oficina. También puede reducir la demanda de oficinas. Por otra parte, puede ofrecer oportunidades a profesionales que viven en entornos donde no hay oferta de trabajo para ellos, sin que deban cambiar su domicilio. De este modo, el teletrabajo puede reducir los desequilibrios territoriales y la presión alcista sobre el precio de la vivienda en las grandes ciudades.

Todo ello depende de la conectividad. El acceso de las personas a las redes digitales y buenas comunicaciones entre los territorios son fundamentales en una economía digital, que puede ser mucho más descentralizada que la economía actual. La conectividad será un bien público esencial en una economía sostenible y la provisión de bienes públicos es la función principal de las administraciones públicas.

4. **Promover la transformación digital y la innovación:** Una economía sostenible solo puede ser digital. Con las tecnologías del siglo XX no es posible conseguir el desarrollo sostenible, sin dejar a nadie atrás, para más de 9000 millones de personas que vivirán a mediados del siglo XXI en la Tierra. Empleamos el término «digital» para referirnos a las nuevas tecnologías, desde la inteligencia artificial (IA), las TIC y la robótica hasta la biotecnología y el desarrollo de fuentes de energía renovable. En definitiva, las tecnologías de la Cuarta Revolución Industrial.

Predicar con el ejemplo digitalizando el sector público promueve la digitalización, así como utilizar la contratación pública para potenciar la transformación digital de las empresas, asegurar la conectividad global, proteger la privacidad y la ciberseguridad.

En relación con la innovación, la Estrategia Española de Ciencia, Tecnología e Innovación 2021-2027 (EECTI 2021-2027) se ha elaborado para facilitar la articulación de la política de I+D+I con las políticas de la Unión Europea. El detalle de los sectores en los que se centra la EECTI es el siguiente:

- **Salud:** nuevas terapias, diagnóstico preciso, cáncer y envejecimiento, y especial énfasis en enfermedades infecciosas.

- **Cultura, creatividad y sociedad inclusiva:** génesis del ser humano, cognición y lenguaje.

- **Seguridad para la sociedad:** desigualdad y migraciones; el mercado y sus tensiones; la protección de la sociedad y ciberseguridad.

- **Mundo digital, industria, espacio y defensa:** IA, internet de la próxima generación, robótica, física, matemática, redes de comunicación.

- **Clima, energía y movilidad:** cambio climático, descarbonización, movilidad y sostenibilidad.

- **Alimentación, bioeconomía, recursos naturales y medioambiente:** de la biodiversidad al uso alimentario de la tierra y los mares.

Entre los principales obstáculos que dificultan el tránsito de las innovaciones desde el laboratorio a la empresa, el propio documento del gobierno cita el «marco jurídico y administrativo inadecuado para la ejecución eficaz y competitiva de la I+D+I» y la «baja capacidad de valorización de los resultados de I+D+I en patentes, situándonos entre los países con menor nivel de transferencia de conocimiento en la UE». En ambas cuestiones, la responsabilidad de la Administración resulta evidente.

2. Liderazgo desde las empresas

En los capítulos quinto y sexto hemos explicado el rol fundamental que desempeñan las empresas en el esfuerzo colectivo que exige la Agenda 2030. En este capítulo final, queremos destacar tres ámbitos en los que el liderazgo de las empresas es decisivo, porque en ellos nadie puede sustituirlas: la innovación, los nuevos modelos de negocio y la economía circular.

1. **Innovación:** Tomemos un ejemplo paradigmático, como fue la creación del iPhone por la empresa Apple. Su principal innovación no provino de las tecnologías en que se apoyaba, disponibles desde hacía tiempo, sino, en palabras de Steve Jobs, de «las ventajas para el usuario de reinventar el teléfono móvil ampliando espectacularmente sus prestaciones», mediante el ensamblaje, en un dispositivo de bolsillo, de un teléfono y un ordenador con acceso a Internet, dotado de una pantalla táctil en lugar del teclado habitual. Las innovaciones empresariales se centran más en la satisfacción del cliente que en la tecnología, aunque, en momentos de intenso cambio tecnológico, como los actuales, ambos aspectos van unidos, como ocurrió con el iPhone en 2007.

   El ejemplo de las cápsulas de café compostables y biodegradables producidas conjuntamente por BASF y Cafès Novell, recogido en el sexto capítulo de este libro, ilustra el significado de la innovación empresarial aplicada al desarrollo sostenible. Estas cápsulas, a diferencia de las fabricadas con aluminio o plásticos convencionales, convierten el residuo en compost utilizable en la agricultura. Su producción ha requerido un desarrollo tecnológico por parte de BASF, pero la demanda del consumidor determinará el éxito del nuevo producto.

   De esta experiencia podemos extraer una conclusión general: el éxito del desarrollo sostenible vendrá de multiplicar la voluntad innovadora de las empresas por la demanda de bienes sostenibles por parte de los ciudadanos. Ambos factores son necesarios, puesto que, si uno de ellos es nulo, también lo es el resultado final.

2. **Nuevos modelos de negocio:** «Transformación» es la palabra clave para alcanzar el desarrollo sostenible. No vamos a conseguirlo haciendo más de lo mismo, ni siquiera haciendo más y mejor de lo mismo. Para lograr una economía sostenible, necesitamos transformar el modo de producir y de consumir; y los dos vectores en los que se apoya la transformación son las tecnologías de la 4RI y las energías renovables.

   Todas las empresas que nos sirven de ejemplo en este libro, recogidas en el sexto capítulo, tienen en común estar inmersas en la transformación de su modelo de negocio. Medimos el avance logrado por cada una de ellas con el porcentaje de las ventas que provienen de productos sostenibles; por ejemplo, en una empresa productora de energía, la parte que proviene de fuentes renovables. De acuerdo con este criterio, Iberdrola, BASF y Leroy Merlin están en una fase avanzada, pues el porcentaje de ventas que proviene de productos sostenibles se sitúa entre el 5 % y el 25 %, mientras que en CaixaBank y Repsol la transformación está en sus inicios. En todo caso, debemos destacar que todas ellas figuran en el grupo de empresas líderes por su compromiso con la Agenda 2030, porque han integrado los ODS en su estrategia de negocio y participan en alianzas establecidas para promover el desarrollo sostenible.

3. **Economía circular:** Desarrollar la economía circular, tal como la define la Comisión Europea, es una condición necesaria para el desarrollo sostenible: «una economía en la que el valor de los productos, materiales y recursos se mantiene durante el mayor tiempo posible, y la generación de residuos se minimiza. La transición a una economía circular sería una contribución esencial a los esfuerzos de la UE para desarrollar una economía sostenible, baja en carbono, eficiente en recursos y competitiva». Una vez más, este objetivo se alcanzará si la inversión en desarrollar productos reciclables se ve respaldada por la demanda de los ciudadanos/consumidores.

   De las empresas que hemos escogido, queremos ilustrar con ejemplos de BASF y Leroy Merlin el desarrollo de productos y procesos ajustados a los requerimientos de una economía circular: «BASF y Adidas han desarrollado un innovador sistema que permite reciclar el 100 % de las zapatillas viejas y reconvertirlas en nuevo calzado. Cuando el calzado termina su primer ciclo de vida y se devuelve a Adidas, que lo lava y tritura para producir granza termoplástica de TPU de alta calidad, puede utilizarse otra vez para fabricar nuevas zapatillas. Sin residuos y sin tirar nada. Se espera que las primeras zapatillas de deporte reciclables hechas de TPU estén en las tiendas de todo el mundo a partir de la temporada primavera-verano de 2021».

En Leroy Merlin, «el 100 % de los envases de pintura interior (tanto blanca como decorativa) de marca propia ya cuenta con todos los envases de plástico reciclado y trabajan para que todos los de sus proveedores también lo sean. Leroy Merlin España recicla actualmente el 79 % de los residuos que genera. Pero el desafío no es reciclar el 100 %, sino consumir un 20 % menos».

Sin embargo, según los datos del segundo informe del observatorio de las empresas españolas y los ODS que elabora ESADE, con el patrocinio de la Fundación "la Caixa", la adopción de la economía circular todavía se encuentra en un estado incipiente, por lo que las empresas tienen mucho camino por recorrer hasta superar el modelo económico lineal dominante.

3. Reflexión final

Hemos abierto el libro con una cita en la que Jean Monnet, uno de los padres fundadores de las Comunidades Europeas que precedieron a la actual Unión Europea, nos advierte que solo durante las crisis se percibe la necesidad de cambiar. Por ello, ahora mismo, abrumados por la COVID-19 y por la intensa crisis económica que ha producido, podemos forjar el más amplio acuerdo para transformar nuestro mundo. Contamos con la Agenda 2030 de la ONU como brújula para guiarnos en el camino que seguir. Deberíamos aprovechar esta oportunidad.

NOTAS

Introducción

1. https://fundacionlacaixa.org/es/centros/palau-macaya/observatorio-ods/que-es
2. https://obrasociallacaixa.org/es/centros/palau-macaya/observatorio-ods/informe

Capítulo 1

1. Fuente: http://www.oecd.org/employment-outlook/2019/

Capítulo 3

1. SDG AMBITION *Introducing Business Benchmarks for the Decade of Action*, UN Global Compact.

Capítulo 4

1. https://www.oecd-ilibrary.org/economics/the-productivity-inclusiveness-nexus_9789264292932-en

Capítulo 6

1. https://apolitical.co/en/solution_article/businesses-call-on-government-to-deliver-on-green-promises